Thomas Schüller

Unheilige Allianz

Warum sich Staat und Kirche
trennen müssen

Hanser

1. Auflage 2023

ISBN 978-3-446-27766-3
© 2023 Carl Hanser Verlag GmbH & Co. KG, München
Umschlaggestaltung: Anzinger & Rasp, München
Satz: Greiner & Reichel, Köln
Druck und Bindung: CPI books GmbH, Leck
Printed in Germany

MIX
Papier | Fördert
gute Waldnutzung
FSC
www.fsc.org   FSC® C083411

Inhalt

Statt eines Vorworts:
Die Lage ist ernst oder
schon hoffnungslos?

Es steht nicht gut um die beiden ehemals großen Kirchen. Nur noch knapp unter 50 Prozent der Bevölkerung gehören ihnen an, Tendenz stark abnehmend. Immer weniger Kinder werden getauft, immer mehr Kirchenmitglieder treten aus, und die älteren Gläubigen sterben. Und dann auch noch das: Missbrauchsskandale und finanzielle Vetternwirtschaft, wie von Bischof Tebartz-van Elst in Limburg oder Bischof Hanke in Eichstätt praktiziert, führen zumindest für die katholische Kirche zu einem Vertrauensverlust nicht geahnten Ausmaßes. Im Ansehen der Bevölkerung rangiert sie inzwischen hinter der schon unbeliebten Versicherungsbranche. Auch der charismatisch gestartete und zunächst medial gehypte Papst Franziskus musste Federn lassen und führt sein Amt inzwischen nicht mehr unangefochten. Der mit viel Hoffnung gestartete Reformprozess des »Synodalen Weges«, eine Antwort auf die erkannten systemischen Ursachen für den sexuellen Missbrauch in der katholischen Kirche, endet vor den römischen Mauern, obwohl seine zarten Reformversuche im Bereich der Sexualmoral oder die Forderung nach einer auch nur symbolischen Beteiligung von Gläubigen an kirchlichen Leitungsentscheidungen wenig spektakulär erscheinen. Aber selbst kleinste Reformschritte werden sofort zurückgepfiffen. Für viele Beobachter der katholischen Kirche wirkt sie mit ihrem

Mindset wie aus der Zeit gefallen. Die innerkirchlichen Polarisierungen zwischen den verschiedenen Blasen vom ganz rechten Rand – und dies darf durchaus auch allgemeinpolitisch verstanden werden – bis zu den Reformern lähmt die katholische Kirche, lässt sie wie in einem Stellungskrieg erstarrt und tot erscheinen.

Doch Totgesagte leben länger. Politische Entscheidungsträger lassen es sich weiterhin nicht nehmen, die Sternsinger Anfang des Jahres zu empfangen, um mit anrührenden Bildern der Öffentlichkeit zu demonstrieren, dass die Kirchen doch Gutes für die Gesellschaft und für die Kinder dieser Welt bewirken. Und selbst wenn sich Politiker:innen nicht mehr mit dem in die Kritik geratenen Kölner Kardinals Rainer Maria Woelki ablichten lassen, fehlt doch bei keiner Eröffnung einer neuen Legislaturperiode des Deutschen Bundestags die ökumenische Andacht, bei der Vertreter:innen der beiden Kirchen die Abgeordneten und die Regierungsmitglieder geistlich auf eine dem Gemeinwohl verpflichtete Politik einschwören. Beide Büros der Kirchen in Berlin leisten bis heute eine diskrete, in Teilen immer noch wirkmächtige Lobbyarbeit für die kirchlichen Interessen. Doch halt: Kommen da nicht von der aktuellen Regierung unmissverständliche Signale der deutlichen Distanz zu den Kirchen? Während der langen Regierungszeit Angela Merkels gehörte es zum guten Ton der Berliner Politik, dass die Spitzen der Regierung und Opposition zum Michaelsempfang der katholischen Kirche kamen, um den Worten des weltgewandten Mainzer Kardinals Karl Lehmann zu lauschen. Diese Zeiten scheinen unwiderruflich vorbei: Beim letzten Empfang sah man zwar den Katholiken und Oppositionsführer Friedrich Merz, ansonsten aber nur die dritte und vierte Garnitur der Parteien, jedoch nicht den Kanzler oder ein Kabinettsmitglied, um dem gutmütigen Vorsitzenden der

Deutschen Bischofskonferenz Georg Bätzing aus Limburg zuzuhören. Zeigt sich hier eine Entfremdung der herrschenden politischen Klasse von den beiden Kirchen, die man nicht mehr für gesellschaftlich relevant betrachtet? Ein Indiz könnte auch der aktuelle Koalitionsvertrag sein, der den Kirchen nur wenige Zeilen widmet, um anzukündigen, kirchliche Sonderrechte im Arbeitsrecht zu streichen. In der Tat: Konnte es sich ein Kanzler Kohl in Zeiten von Kardinal Höffner und Kanzlerin Merkel in Zeiten von Kardinal Lehmann einfach nicht leisten, sich in grundlegenden Fragen wie dem Schutz des ungeborenen Lebens oder der Legalisierung der aktiven Sterbehilfe gegen die katholische Kirche zu stellen, wollte man nicht erhebliche Wählerschichten verlieren, so wird diese gesellschaftspolitische Kraft der beiden Kirchen aktuell nicht mehr so ernst genommen, dass man auf sie irgendwie Rücksicht nehmen müsste. Beispielhaft steht hierfür der Plan der Familienministerin Lisa Paus (Bündnis 90/Die Grünen), den § 218 StGB zu streichen. Dieses Ansinnen wäre vor einigen Jahren noch undenkbar gewesen, zum einen, um nicht den gesellschaftlichen Frieden durch den gewonnenen Kompromiss der straffreien Abtreibung nach Beratung zu gefährden, und andererseits nicht in Konflikt mit der katholischen Kirche zu geraten. Es überrascht daher nicht, dass die reflexhafte Kritik von der Deutschen Bischofskonferenz und dem Zentralkomitee der deutschen Katholiken an dieser Ankündigung ohne erkennbare Resonanz in der Berliner Politik verhallte.

Wie unübersichtlich die Lage augenblicklich allerdings noch zu sein scheint, wird an einem katholischen Ministerpräsidenten wie Winfried Kretschmann (Bündnis 90/Die Grünen) in Baden-Württemberg deutlich. Er glaubt nicht nur, dass die katholische Kirche weiter ein wichtiger gesellschaftlicher Player sein wird, signalisiert bei der Ablösung von Staatsleistungen noch viel Geduld und die Bereitschaft, die bisher bewährte Praxis jährlicher Zahlungen noch länger fortzuführen, bürstet seinen Landesschülerrat ab, der statt Religionsunterricht mehr politische Bildung fordert, und attestiert den deutschen Bischöfen bei der Aufarbeitung von sexualisierter Gewalt gute Fortschritte. Einen besseren Anwalt für ihre Interessen könnte sich die katholische Kirche in Deutschland nicht wünschen. Die meisten Themen, die zwischen Kirche und Staat ausgehandelt werden müssen, wie Religionsunterricht, theologische Fakultäten, kirchliche Schulen, Krankenhäuser und Pflegeeinrichtungen, zählen zu den Angelegenheiten der Länder. Dort spielt die Musik der Religionspolitik, nicht in Berlin. Und hier gehören die meisten politischen Eliten, geboren in den fünfziger bis siebziger Jahren der alten Bundesrepublik, unabhängig von ihrer Parteizugehörigkeit, einer der beiden Kirchen an. Katholisch sind Malu Dreyer (Rheinland-Pfalz, SPD), Daniel Günther (Schleswig-Holstein, CDU), Winfried Kretschmann (Baden-Württemberg, Bündnis 90/Die Grünen), Reiner Haseloff (Sachsen-Anhalt, CDU), Hendrik Wüst (Nordrhein-Westfalen, CDU), Anke Rehlinger (Saarland, SPD), Boris Rhein (Hessen, CDU); evangelisch sind Michael Kretschmer (Sachsen, CDU), Markus Söder (Bayern, CSU), Bodo Ramelow (Thüringen, Die Linke), Manuela Schwesig (Mecklenburg-Vorpommern, SPD) und Kai Wegner (Berlin, CDU). Peter Tschentscher (Hamburg, SPD) ist aus der katholischen Kirche ausgetreten, der er sich aber nach eigener Aussage weiterhin verbunden fühlt, ebenso Stephan Weil (Niedersachsen, SPD). Nur Andreas Bovenschulte (Bremen, SPD) scheint keiner Kirche anzugehören oder nahezustehen. Die meisten der Ministerpräsident:innen gehören also einer der beiden ehemals großen Volkskirchen an, und auch Finanzminister Christian Lindner, der aus der katholischen Kirche ausgetreten ist, war es offenbar wichtig, auf Sylt vor einer evangelischen Pastorin zu heiraten – ein Umstand, der in beiden Kirchen zu hitzigen Diskussionen geführt hat, weil auch seine Braut, die Journalistin Franca Lehfeldt, aus der evangelischen Kirche ausgetreten war.

Wie steht es also um das Verhältnis der Kirchen zur Politik? Sind die goldenen Zeiten der politischen Wertschätzung in den Jahrzehnten nach dem Zweiten Weltkrieg endgültig vorbei, die geprägt waren von einem betont religionsfreundlichen Grundgesetz, das den Kirchen breite Handlungsspielräume im Bildungs- und Sozialbereich öffnete? Es geht in diesem Buch um eine Bestandsaufnahme einer Allianz, die schon lange nicht mehr heilig ist, weil Politik und Kirchen immer weiter auseinanderdriften, gleichzeitig aber durch vielfältige institutionelle Verflechtungen auf Gedeih und Verderb aufeinander angewiesen sind. Ich schreibe aus der Perspektive eines Theologen und Kirchenrechtlers, der aus Überzeugung der katholischen Kirche angehört und auch nicht vorhat, seiner Kirche den Rücken zu kehren. Das mag erklären, dass ich stärker auf die katholische Kirche eingehe, ohne dabei die evangelische Kirche zu vergessen. Zu meinen Erfahrungen zählen aber auch sechzehn Jahre in verantwortlicher Position in der bischöflichen Verwaltung im Bistum Limburg und als Persönlicher Referent von Bischof Franz Kamphaus, der durch sein Einstehen für den Verbleib der katholischen Kirche in der gesetzlichen Schwangerschaftskonfliktberatung weit über die Grenzen seines Bistums hinaus bekannt geworden ist und heute hochbetagt in einer großen Behinderteneinrichtung im Rheingau als Seelsorger für diese Menschen lebt und arbeitet. In der Zusammenarbeit mit den beiden katholischen Büros in Mainz bei der rheinland-pfälzischen Landesregierung und in Wiesbaden bei der Hessischen Landesregierung sind mir das politische Geschäft der katholischen Büros und ihre Themen auch praktisch gut vertraut. Dies ist also nicht das Buch eines Aussteigers, der über dunkle Machenschaften seines ehemaligen Dienstgebers plaudert, auch nicht ein Buch in der Machart weltanschaulicher Pressure-Groups wie der Humanistischen Union oder der Giordano-Bruno-Gesellschaft, deren erklärtes Ziel die Abschaffung aller Privilegien der beiden Kirchen ist. Auch wenn es um das Thema Kirchenfinanzen und Kirchenvermögen gehen soll, ist es kein »Violettbuch Kirchenfinanzen«[1], sondern eine nüchterne Bestandsaufnahme noch immer fehlender Check-and-Balance-Standards bei der transparenten Verwaltung kirchlicher Finanzen, vor allem der mangelnden staatlichen Strafverfolgung von Bischöfen und ihren engsten Mitarbeiter:innen, die mit Vermögen untreu umgehen, das nicht ihnen, sondern den Gläubigen gehört. Ein aktueller Fall aus dem krisengeschüttelten Bistum Eichstätt zeigt, wie unzureichend noch immer die Vermögenskontrolle der Kirchen funktioniert.[2] Es geht also einerseits um das Zusammenspiel von Politik und Kirchen in jüngster Vergangenheit, in Fragen der Kirchenfinanzierung, im Umgang mit kirchlichem Vermögen, bei der Aufarbeitung und strafrechtlichen Ahndung von sexualisierter Gewalt in den Kirchen, es geht um die Ablösung von Staatsleistungen, die Angleichung des kirchlichen Arbeitsrechts an die Standards des staatlichen Arbeitsrechts und die oft schwierige Zusammenarbeit von Staat und Kirchen bei theologischen Fakultäten und Instituten an staatlichen Universitäten. Andererseits wird auch die Frage zu erörtern sein, inwiefern sich der Staat auf seinen verschiedenen Ebenen, vor allem der Länder und Kommunen, mit den einst großen Volkskirchen arrangiert hat und warum beide Institutionen augenscheinlich nicht voneinander lassen können. Die Ausgangsthese lautet daher und wird an den genannten Themenfeldern zu überprüfen sein:

Trotz des augenscheinlichen Bedeutungs- und Vertrauens-
verlustes der beiden großen christlichen Kirchen in Deutschland
wird ihnen vom Staat – Bund, Ländern und Kommunen – noch
ein (zu) großer Spielraum bei der Ordnung ihrer inneren Ange-
legenheiten eingeräumt, insbesondere was die Themenbereiche
Arbeitsrecht und Aufarbeitung von sexuellem Missbrauch an-
geht. In den Bereichen Bildung (Schulen, Kitas), Krankenhäu-
ser und Pflege (Altenheime und Einrichtungen für Menschen mit
Behinderung), um nur die relevanten Sektoren zu nennen, kön-
nen die Kirchen in der Bildungs- und Sozialpolitik immer noch
erheblichen Einfluss auf die politischen Entscheidungen aus-
üben. Aber auch die Politik fürchtet parteienübergreifend den
Tag, an dem sich die Kirchen auch wegen sinkender Kirchen-
steuereinnahmen aus diesen Bereichen zurückziehen, da dann
die öffentliche Hand diese Staatsaufgaben übernehmen müss-
te, wenn nicht andere freie Träger zum Beispiel im Bereich der
Wohlfahrtspflege einspringen können.

Dabei geht es nicht um eine Infragestellung der religionsfreundlichen Verfassung, die allen Religionsgemeinschaften
in Art. 4 GG, der das Menschenrecht der Religionsfreiheit nor-
miert, individuell und gemeinschaftlich nach innen und außen
eine große Freiheit gewährt, ihre religiösen Überzeugungen
zu artikulieren und um Zustimmung zu bitten. Anders als in
den ursprünglich streng laizistischen Staaten wie Frankreich
oder den USA eröffnet das Grundgesetz allen religiös musikalischen Bürgerinnen und Bürgern einen breiten Gestaltungsfreiraum, nicht nur im eigenen Kämmerlein oder in den vier
Wänden der eigenen Religionsgemeinschaft *undercover* den
Glauben zu leben und zu feiern, sondern auch öffentlich auf
den modernen Marktplätzen real und digital im Modus der
Missionierung von den eigenen religiösen Überzeugungen
Zeugnis zu geben. Gerade die sogenannten abrahamitischen

Religionen des Judentums, des Christentums und des Islams sehen sich zur Missionierung verpflichtet. Verwerfungen und Fremdheitserfahrungen sind damit in einer weithin säkularen Gesellschaft vorprogrammiert. Ist es Schülerinnen und Schülern zumutbar, unter dem Kreuz bayerischer Schulen zu lernen, obwohl ihre Eltern als überzeugte Atheisten bewusst auf eine religiöse Erziehung und Prägung verzichtet haben? 1995 brach im Freistaat Bayern beinahe ein Volksaufstand der Christ:innen aus, als das Bundesverfassungsgericht im berühmten Kruzifixurteil eine Vorschrift der bayerischen Schulordnung, nach der in jeder Volksschule ein Kreuz im Klassenzimmer aufzuhängen sei, für verfassungswidrig erklärte. Immer wieder entzündet sich diese Frage auch bei Kreuzen, die in staatlichen Gerichtssälen hängen oder, wie 2016 am Amtsgericht Saarbrücken oder 2018 in einem Einzelfall am Amtsgericht Miesbach, aus diesen entfernt werden. Ähnliches ist in Österreich zu beobachten, wo die Leitung der Universität Wien 2018 alle Kreuze aus Räumen der Universität entfernen ließ, auch in der Katholisch-Theologischen Fakultät.[3] Die Proteste gegen solche Aktionen aus den Reihen der Kirchen werden immer schwächer, und es entsteht der begründete Eindruck, dass solche Entscheidungen auch in weiten Kreisen der Gesellschaft immer mehr Zustimmung finden. In gleicher Weise wird aktuell mit wechselvoller Rechtsprechung auch des Bundesverfassungsgerichtes und der höchsten europäischen Gerichte, deren Entscheide immer stärker in die nationale Rechtsprechung einwirken, die strittige Thematik diskutiert, inwiefern Lehrkräfte an staatlichen Schulen oder im Justizwesen mit religiöser Kopfbedeckung – Habit, Kippa und Kopftuch – ihre Arbeit verrichten dürfen. Wie viel sichtbare Religion verträgt eine säkulare Öffentlichkeit? Welcher Form der Religionsfreiheit, ihrer positiven Inanspruchnahme oder mehr ihrer negativen Form, nicht glauben und religiös aktiv sein zu müssen, ist im konkreten Streitfall der Vorrang zu geben? In einer bisher, vor allem im Westen der Bundesrepublik Deutschland, bis heute noch knapp mehrheitlich christlich geprägten Bevölkerung werden christliche Feiertage wie christliche Symbole in der Öffentlichkeit, etwa Kreuze an Straßen und Wegrändern, klaglos akzeptiert und dankbar als freie Zeit angenommen. Konservative Parteien und Gruppen beschwören dieses abendländisch jüdisch-christliche Kulturerbe und warnen vor einer Egalisierung religiöser Symbole beziehungsweise deren Ausgrenzung in den klandestinen Eigenbereich der Religionsgemeinschaften. Dagegen wehren sich Weltanschauungsgemeinschaften, die in der bis heute offenkundigen Bevorzugung der beiden christlichen Kirchen durch staatliche Autoritäten und Gesetze eine Privilegierung zu erkennen glauben und deren Abschaffung fordern. Ein Beispiel wäre die Besetzung der Rundfunkräte der öffentlich-rechtlichen Sender, in denen bis heute Vertreter:innen beider Kirchen sitzen und nicht selten auch durch den Vorsitz maßgeblich die Senderpolitik beeinflussen können. Wie schwer es ihnen fällt, aus diesen Gremien auszuscheiden, zeigt das Beispiel des Münchener Domdekans und Obersten Richters am Kirchlichen Gericht der Erzdiözese München-Freising. Prälat Lorenz Wolf, der durch seine Versäumnisse bei der kirchengerichtlichen Aufarbeitung von sexuellem Missbrauch durch ein entsprechendes Gutachten nicht nur in die innerkirchliche Kritik geriet, konnte erst durch öffentlichen Protest verschiedener Parteien dazu bewogen werden, vom Vorsitz und der Mitgliedschaft im Rundfunkrat des Bayerischen Rundfunks zurückzutreten.

Diese Beispiele zeigen, dass religionspolitische und religionsrechtliche Fragen das Potenzial zur Skandalisierung und auch zu neuen Kulturkämpfen aufweisen. Ob man dabei wie aktuell der ehemalige Vorsitzende des Zentralkomitees der Deutschen Katholiken Thomas Sternberg beim Thema Staatsleistungen und Kirchensteuer von »Verhetzungspotential«[4] für die Kirchen sprechen sollte, mag man kritisch sehen. Aber offene Fragen bleiben: Wie viel Toleranz bringt eine ehemals christlich geprägte Mehrheitsbevölkerung auf, wenn durch Migration neue Religionen heimisch werden, die in Kleidung, ihren Riten, ihrem Rollenverständnis von Frauen und Männern fremd wirken und scheinbar nicht mit einer freiheitlich-demokratischen, vom Gedanken der Gleichberechtigung geprägten Verfassung zu harmonisieren sind? Dabei können solche Fragen nicht nur von der migrantischen Bevölkerung durchaus auch an die römisch-katholische Kirche gestellt werden, die in ihrer kirchenrechtlichen Programmierung eine absolutistische Wahlmonarchie ist, bei der nur Männer das Sagen haben, wenn sie als Bischöfe und Priester für ein sexuell enthaltsames Leben mit Macht belohnt werden. Frauen wird, weil sie Frauen sind, die Möglichkeit zur Weihe aus allein auf Autorität beruhenden Argumenten, die keinen theologisch überzeugenden Kern enthalten, verwehrt und damit der Zugang zur Macht abgeschnitten.

Und trotzdem sind beide christliche Kirchen weiterhin die bevorzugten Partner des Staates, wenn es um die Übernahme neuer Schulen, Kindertagesstätten, Pflegeheime und Krankenhäuser geht, um nur einige Beispiele aufzulisten. Zwei Gründe faktischer und rechtlicher Art spielen dabei eine Rolle: Zum einen setzt das Grundgesetz nicht allein auf den Staat, sondern auch auf gesellschaftliche Kräfte, denen unter Berufung auf das (katholisch inspirierte!) Subsidiaritätsprinzip auf der unteren Ebene Staatsaufgaben übertragen werden. Dabei schreiben die entsprechenden Gesetze, zum Beispiel bei der gesetzlichen Schwangerenkonfliktberatung, eine Diversität der freien Träger vor. In der Bandbreite der freien Träger, von der Arbeiterwohlfahrt über den Paritätischen Wohlfahrtsverband bis hin zu den großen Playern Diakonie und Caritas, soll sich zum einen die gesellschaftliche Wirklichkeit abbilden und zum anderen wirklich eine Wahlmöglichkeit für die Hilfesuchenden bestehen. Tatsächlich, so wird beispielsweise für den Krankenhaus- und Kindergartenbereich aufzuzeigen sein, finden wir in Deutschland in Teilen kirchliche Monostrukturen in der Trägerlandschaft. Ein besonders eklatantes Beispiel ist die rheinland-pfälzische Bischofsstadt Trier, die zugleich die Heimat von Manu Dreyer als Ministerpräsidentin ist, in der es ausschließlich katholische Krankenhäuser und fast nur katholische Kindertagesstätten gibt. Natürlich lässt sich diese Konzentration katholischer Träger aus der früheren konfessionellen Struktur dieser Regionen erklären. Außerdem sind beide Kirchen durch die seit 1945 üppig sprudelnden Kirchensteuereinnahmen ein auch aus fiskalischer Sicht verlässlicher Partner der Länder und Kommunen, weil sie neben dem fachlichen und personellen Know-how auch über die entsprechenden Mittel verfügen, um die nicht staatlich refinanzierten Anteile, etwa den Bauerhalt von Kindertagesstätten und Krankenhäusern, selbst tragen zu können. Und natürlich genießen konfessionell getragene Schulen einen so guten Ruf, dass auch kirchenkritische Eltern ihre Kinder dorthin schicken. Schließlich wechseln die Kommunen ungern die Pferde, wenn sie wie bei den Kirchen verlässliche Partner seit langer Zeit kennen und schätzen. Auch die administrative Professionalität der Kirchen ist für kommunale Verwaltungen gut zu begreifen und zu bespielen.

So scheinen Staat und Kirchen auf Gedeih und Verderb aufeinander angewiesen zu sein. Der Staat weiß die Verlässlichkeit seiner kirchlichen Partner zu schätzen, profitiert auch von finanziellen Benefits, weil, entgegen oft verbreiteter Behauptungen, Teile kirchlicher Bildungs- und Sozialarbeit direkt aus Kirchensteuermitteln beglichen werden. Vor allem das ehrenamtliche Engagement vieler evangelischer und katholischer Christ:innen in den Kirchengemeinden und Kirchenvorständen bei der Verwaltung dieser Einrichtungen ist in Geld für die Kommunen und Länder gar nicht hoch genug einzuschätzen. Die Kirchen können über diese Trägerschaften wiederum gesellschaftlichen Einfluss ausüben, wie es ihnen über ihren originären Auftrag, das Evangelium zu verkünden, kaum noch möglich ist.

So geben die Kirchen in der Öffentlichkeit ein ausgesprochen widersprüchliches Bild ab. Als religiöse Institutionen gehören sie ohnehin zu den Verlierern einer zunehmend säkularen Gesellschaft, dazu kommt ein Vertrauensverlust ungeahnten Ausmaßes bis in die Kreise der engagierten Kirchenmitglieder, die inzwischen auch in Teilen austreten. Man traut den Kirchen nichts mehr zu, nicht einmal in ihrem seelsorgerlichen Kerngeschäft. Wenn es aber um Schulen und Kindertagesstätten, Krankenhäuser und Pflegeeinrichtungen geht, agieren die Kirchen weiterhin als einflussreiche Player. Um diese Spannung zu veranschaulichen, benutze ich ein literarisches Bild. Michael Ende beschreibt in »Jim Knopf und Lukas der Lokomotivführer« eine Begegnung der beiden Protagonisten mit dem Scheinriesen Turtur. Dieser Riese wirkt in der Wüste aus der Ferne furchteinflößend riesengroß. Doch ihre Neugierde, wer dieser Riese sei, ist am Ende stärker als ihre Angst, und so lassen sie ihn näher kommen. Und je mehr er auf sie zugeht, desto kleiner wird er und begegnet ihnen schließlich auf Augenhöhe. Aus der Ferne wirken die Kirchen mit ihren mächtigen Institutionen, Einrichtungen und Trägerschaften auf den naiven Betrachter wohl noch immer wie riesengroße bedeutende zivile Akteure in der Gesellschaft. Bei näherem Hinschauen aber wird deutlich, dass sie inzwischen auf Normalmaß gestutzt sind. »Unheilige Allianz« steht im Titel, man könnte auch von Komplizenschaft im Sinne von Michel Foucault sprechen, der bereits 1973 in seiner historischen Rekonstruktion des Zusammenspiels von Staat und Kirchen in den sozialen Feldern der Bildungs-, Gesundheits- und Pflegepolitik seit dem 16. Jahrhundert von Komplizenschaft der Staaten und den Kirchen als entscheidende Größen der Wohlfahrtspflege spricht, die bis heute andauere.[5]

Die nächsten Kapitel werden zeigen, in welchen Bereichen die Zusammenarbeit von Staat und Kirche besonders ausgeprägt ist, wo sich Risse auftun und wo es besser wäre, jede der beiden Seiten würde ihre originäre Aufgabe entschiedener wahrnehmen. Dass ich nur einzelne Beispiele herausgreifen kann, versteht sich von selbst, juristische Kenntnisse sind nicht nötig, um sie zu verstehen. Auch verzichte ich weitgehend auf Fußnoten mit Belegen, habe aber für jedes Thema eine kurze Literaturliste zusammengestellt, damit sich die Leser:innen noch vertiefter in die Materie einarbeiten können.

Was die Verfassung will und was daraus geworden ist – Staat und Kirchen in starker Partnerschaft

Was den einen beim Blick in die Verfassung als Privilegierung der beiden großen christlichen Kirchen erscheint, die, erst recht nach den Missbrauchsskandalen, abzuschaffen sei, bedeutet anderen die Bewahrung einer Verfassungstradition, in der sich der politische Wille der Väter und Mütter des Grundgesetzes ausdrückt: nach dem moralischen Kollaps des nationalsozialistischen Unrechtsregimes, den beiden Kirchen, die vermeintlich unbeschädigt durch diese Zeit gekommen waren, als moralischen Autoritäten eine herausgehobene Stellung zu gewähren. Bei den Verhandlungen im Parlamentarischen Rat zur Abfassung des Grundgesetzes bestand nahezu unter allen Parteien bald Konsens, die sogenannten Kirchenartikel der Weimarer Verfassung durch Verweisung in Art. 140 GG in das Grundgesetz zu übernehmen. Er lautet lapidar: »Die Bestimmungen der Artikel 136, 137, 138, 139 und 141 der deutschen Verfassung vom 11. August 1919 sind Bestandteil dieses Grundgesetzes.« Nach dem Ende des Ersten Weltkrieges stand die erste deutsche Demokratie vor der Herausforderung, einerseits das landesherrliche Kirchenregiment preußischer Provenienz abzuschaffen und damit beide Kirchen in die Freiheit zu entlassen, ihnen aber trotzdem eine rechtliche Stellung zu geben, die ihrer gesellschaftspolitischen Bedeutung entsprach: Immerhin gehörten 90 Prozent der Gesamtbevölkerung einer der beiden großen Kirchen an. Gleichzeitig wurde allen Bürger:innen das Menschenrecht der Religionsfreiheit zugestanden, das ja auch einschließt, nicht zu glauben und sich zu keiner Religion bekennen zu müssen (sogenannte negative Religionsfreiheit). Um die Balance zwischen individueller und korporativer Religionsfreiheit zu wahren, blieben die Religionsgemeinschaften Körperschaften des öffentlichen Rechts, wie sie es zum Zeitpunkt der Inkraftsetzung der Weimarer Reichsverfassung schon waren, gleichzeitig wurde anderen Religionsgemeinschaften die Möglichkeit eingeräumt, diesen Status beim Staat zu beantragen. Dieser Kompromiss, einerseits den dominierenden Kirchen ihren Rechtsstatus zu erhalten, andererseits auch anderen Religionsgemeinschaften diese Möglichkeit zu eröffnen, führt bis in die Gegenwart zu Diskussionen, ob man beispielsweise islamischen Organisationen in Deutschland diesen Status zuerkennen kann oder nicht. Dieser Kompromiss ist bleibender Stein des Anstoßes der Kritiker:innen einer aus ihrer Sicht zu kirchenfreundlichen Verfassung. Sie stören sich am Recht der Kirchen, nach den landesrechtlichen Steuerlisten Kirchensteuer erheben zu können, und außerdem an ihrem Recht, ihre Angelegenheiten innerhalb der Schranken des für alle geltenden Gesetzes selbstständig zu ordnen und zu verwalten (Art. 140 GG iVm Art. 137 Abs. 3 WRV).

Nur wenige wissen, dass die Kirchensteuer im 19. und beginnenden 20. Jahrhundert (einseitig durch die deutschen Staaten) zunächst gegen den ausdrücklichen Willen der Kirchen eingeführt wurde. Dafür mussten Körperschaften mit Vertretungsorganen in den Kirchengemeinden geschaffen werden, die demokratisch gewählt wurden und entsprechend demokratisch entschieden. Die katholische Kirche wehrte sich dagegen, weil sie das hierarchische Amt des Pfarrers in Gefahr sah, der allein über die Gelder einer Kirchengemeinde entscheiden sollte. Mit der Einführung der Kirchensteuer befreiten sich die Staaten zum Teil von den Verpflichtungen des Reichsdeputationshauptschlusses 1803, in dem sie sich verpflichtet hatten, als Entschädigung für die enteigneten Kirchengüter die Kirchen direkt aus dem Staatshaushalt zu finanzieren. Allmählich wurde diese Pflicht zur Last, und man wälzte sie in der Form der Kirchensteuer auf die steuerpflichtigen Kirchenmitglieder ab. Schon 1919, mit Inkrafttreten der Weimarer Reichsverfassung, hatten sich die Kirchen mit diesem System der Kirchensteuer arrangiert, weil es finanzielle Planungssicherheit versprach. Bis 1945 flossen die Kirchensteuern direkt an die Kirchengemeinden, wie es noch heute in der Schweiz in einigen Kantonen der Fall ist. Ab 1945 wurden die katholischen Bistümer und evangelischen Landeskirchen zu Gläubigern der Kirchensteuer, was gewaltige Veränderungen in der Architektur der Kirchenstrukturen und -finanzen zur Folge hatte. Auf sie wird im Kapitel über das Kirchenvermögen noch näher einzugehen sein.

Erfolglos wurde in den letzten Jahren immer wieder der Versuch unternommen, beim Bundesverfassungsgericht gegen die Zusammenarbeit der staatlichen Finanzbehörden mit den Kirchen vorzugehen, weil die Kläger:innen damit die Neutralitätsverpflichtung des Staates verletzt sahen. Alle Klagen blieben erfolglos, der Staat zieht weiterhin die Kirchensteuer ein und erhält dafür eine üppige Entschädigung, die deutlich über dem Aufwand liegt, den er dafür einsetzen muss: für beide Seiten eine klassische Win-win-Situation. Auch die sogenannte Dienstherrenfähigkeit geriet in die Kritik, nämlich das Recht der Kirchen, eigene Beamtenverhältnisse zu begründen, die der Staat anerkennt. Die Institution der Körperschaft des öffentlichen Rechts wird daher gelegentlich auch als Klammer für ein ganzes Bündel von Rechten der Kirchen gesehen. Selbst Religionsverfassungsrechtler:innen, die von Haus aus das religionsrechtliche System in Deutschland mit Wohlwollen betrachten, fällt es mittlerweile schwer, diesen besonderen Status der Körperschaft plausibel zu erklären.

Die Zuerkennung des Körperschaftsstatus zunächst an beide großen christlichen Kirchen war in der Weimarer Verfassung und im Grundgesetz mit der Erwartung verbunden, dass die Kirchen gemeinwohlorientiert einen Beitrag zur Kultur und zu einer sozial orientierten Gesellschaft leisten. Für Paul Kirchhof, einst Richter am Bundesverfassungsgericht, wächst den christlichen Kirchen mit diesem Rechtsstatus die Aufgabe zu, das Gewissen des Einzelnen und seine Normkonzeption zu prägen, »damit die Fähigkeit zur Freiheit gebildet wird, der Zusammenhalt der Rechtsgemeinschaft in ihren Grundwerten gefestigt«[1] werde. Die starke Rechtsfigur der Körperschaft des öffentlichen Rechts sei gerechtfertigt, weil die Kirchen Demokratie und Gesellschaftsordnung mitgestalten und damit dem Gemeinwohl dienen würden. Kirchhof geht sogar so weit, diesen besonderen Rechtsstatus mit dem moralisch-ethischen Mandat zu begründen, das von Staat und Zivilgesellschaft an die Kirchen als öffentliche Erwartung herangetragen werde. Aus säkularer Perspektive drängt sich die Frage auf, in welchem Maße solche Erwartungen überhaupt noch an die Kirchen herangetragen werden. Wenn dies nur noch für eine Minderheit gilt – was spricht dann noch dafür, den beiden sterbenden ehemaligen Volkskirchen auf unbestimmte Zeit diese starke öffentliche Rechtsstellung zu garantieren? In jüngeren Beiträgen wird diese lang postulierte These der Gemeinwohldienlichkeit zwar noch vertreten, aber sofort angemerkt, daraus erwüchsen keine Handlungspflichten an die Kirchen. Der Fokus wandert dann weiter auf die Religionsfreiheit als Anker für den Körperschaftsstatus. Letztlich läuft die aktuelle Argumentation darauf hinaus, grundrechtlich von der Religionsfreiheit her den Körperschaftsstatus zu begründen, und zwar in seiner »Funktion, objektiv-rechtliche Gehalte der Religionsfreiheit in einer der Eigenart von Religion angemessenen Weise umzusetzen«.[2] Dahinter verbirgt sich der Gedanke, dass individuelle religiöse Betätigung immer auch eine gesellschaftliche Dimension aufweise, die zu den Merkmalen einer Religionsgemeinschaft zähle und sie rechtlich absichere. Diese Argumentation überzeugt, weil sie die Religionsfreiheit in den Mittelpunkt stellt, allerdings sind ihre rechtlichen Schlussfolgerungen vielleicht plausibel, aber nicht zwingend. Angesichts der Tatsache, dass schon in naher Zukunft beide christlichen Kirchen nur noch religiöse Minderheiten in Deutschland vertreten werden, lässt sich schon kritisch fragen, inwiefern die Privilegien einer Körperschaft noch angemessen sind. Sie mögen 1919 und auch 1949 noch angemessen gewesen sein, als beide Kirchen staatsähnliche Großinstitutionen waren, die von der Wiege bis zur Bahre das Leben der meisten Bürgerinnen und Bürger maßgeblich bestimmten. Diese Zeiten sind endgültig vorbei. Von daher kann durchaus offen und kritisch über die Sinnhaftigkeit des Körperschaftsstatus weiter nachgedacht werden.

Daneben wurde die Formel »vom Ordnen und Verwalten der eigenen Angelegenheiten« zu einem Freifahrtschein für beide Kirchen, sich beispielsweise beim Umgang mit Fällen von sexuellem Missbrauch oder kriminellem Umgang mit kirchlichem Vermögen nicht an die existierenden staatlichen Gesetze halten zu müssen. Sexualstraftaten sind Offizialdelikte, müssen also von staatlicher Seite verfolgt und geahndet werden, wenn sie ihr bekannt gemacht werden. Und auch kirchliches Vermögen, das allen Gläubigen und nicht allein den Bischöfen oder evangelischen Kirchenleitungen gehört, unterliegt als öffentliches Vermögen nicht nur dem kirchlichen Vermögensrecht, sondern auch dem staatlichen Wirtschaftsstrafrecht. Untreue muss auch bei kirchlichen Entscheidungsträgern vom Staat verfolgt werden und nicht nur in den vier Wänden der Kirchen kleinlaut abmoderiert werden. Augenscheinlich wurde der Passus vom Ordnen und Verwalten nicht bis zu Ende gelesen, denn der Gestaltungsfreiraum der Kirchen hat seine Grenze bei den für alle Bürger:innen geltenden staatlichen Gesetzen. Die gelten auch im Arbeitsrecht – trotz eines eigenen kirchlichen Arbeitsrechts, das im Blick auf den besonderen Charakter des Tendenzbetriebes Kirche besondere Verpflichtungen für kirchliche Mitarbeiter:innen kennt. Und doch beschleichen manchen Zeitgenossen ungute Gefühle, wenn eine katholische Klinik eine Hebamme kündigt, weil sie aus der Kirche ausgetreten ist, oder noch bis Ende 2022 gleichgeschlechtlich Verheirateten gekündigt wurde. So entsteht der Eindruck eines »Staates im Staat«, als könnten sich die Kirchen unter Berufung auf ihr Recht, die eigenen Angelegenheiten selbst ordnen und verwalten zu dürfen, von der Geltung staatlicher Normen befreien. Die ehemalige Bundesjustizministerin Sabine Leutheusser-Schnarrenberger von der FDP sprach diesen Verdacht 2010 aus, als aus dem Berliner Canisius-Kolleg die ersten Meldungen über systematischen Missbrauch von Kindern und Jugendlichen in der katholischen Kirche an die Öffentlichkeit kamen. Der damalige Vorsitzende der Deutschen Bischofskonferenz Erzbischof Zollitsch verwahrte sich empört bei der Kanzlerin persönlich gegen diese Behauptung, heute ist er als langjähriger Personalchef und Erzbischof seiner Diözese der schuldhaften und systematischen Vertuschung von Missbrauchsfällen überführt. Ein Gutachten belegt, dass Zollitsch konsequent das staatliche und kirchliche

Strafrecht missachtet und die straffällig gewordenen Priester und damit die Institution Kirche geschützt hat, während er den Opfern sexualisierter Gewalt die nackte Schulter und sein abgrundtief schlechtes kaltes Herz gezeigt hat. Und doch konnte sich dieser Vertuscher sexualisierter Gewalt als Vorsitzender der Deutschen Bischofskonferenz 2010 bei der Kanzlerin Merkel noch sicher sein, dass angesichts der gesellschaftspolitischen Machtstellung der katholischen Kirche die Kanzlerin ihre kluge Justizministerin zurückpfeifen würde. Heute wäre das nicht mehr möglich. Kein Vertreter der katholischen oder evangelischen Kirche kann heute noch behaupten, in der Zeit nach dem Zweiten Weltkrieg hätten sich die Bischöfe und Kirchenleitungen in Fällen von sexuellem Missbrauch durch Geistliche und andere kirchliche Bedienstete an das staatliche Strafrecht gehalten. Demut ist heute angesagt, auch wenn das beiden Kirchen schwerfällt. Der sorgenvolle Blick konservativer politischer Kräfte auf Moscheen und Koranschulen und ihre ja nicht unbegründete Angst vor Parallelgesellschaften in Hinterhöfen gewinnt durch diese Praxis der großen Kirchen überraschende Relevanz und Aktualität.

Zu den Eigentümlichkeiten der vom Grundgesetz garantierten Privilegien gehört es, dass die Kirchen auch ein eigenes kirchliches Recht kennen, das für ihre Mitglieder gilt. Im katholischen Kirchenrecht gibt es nicht nur ein kirchliches Arbeitsrecht, über dessen Fallstricke noch ausführlich zu sprechen sein wird, sondern auch ein eigenes Strafrecht, das durchaus Sexualstraftatbestände aufweist, in Teilen auch ein eigenes Disziplinarrecht für kirchliche Beamt:innen, ein eigenes Hochschulrecht, das mit dem staatlichen Hochschulrecht konkurriert, und bei der Bewirtschaftung des eigenen Vermögens schreibt das kirchliche Gesetzbuch sehr genau vor, wer darüber befinden und entscheiden kann. Diese Eigenrechtsmacht gibt den Kirchen einen breiten Gestaltungsfreiraum. Solange es innerkirchliche Angelegenheiten betrifft, entstehen daraus keine Probleme, weil der weltanschaulich neutrale Staat in religiösen Fragen nicht nur unzuständig, sondern auch kein Interesse, aber auch kein Recht hat, etwa darüber zu urteilen, wen die evangelische Kirche zum Abendmahl und die katholische Kirche zur Eucharistie zulässt, wer Sakramente wie die Taufe spenden und empfangen darf und ob ein sich bekennender Sünder im Beichtstuhl vom Priester von seinen Sünden losgesprochen werden kann oder nicht. Dies sind religiös imprägnierte Sachverhalte, bei denen theologisch und davon abgeleitet kirchenrechtlich allein die Kirchen das Recht haben, die Dinge so zu regeln, wie es ihrem Glaubensverständnis entspricht. Für viele religiös unmusikalische Menschen mag dies befremdlich und ungewohnt erscheinen, aber in diesem Binnenbereich des Glaubens einer Religionsgemeinschaft hat der staatliche Arm des Gesetzes nichts zu suchen, solange elementare Menschenrechte oder Leib und Seele der Menschen nicht gefährdet werden und auch nicht gegen die öffentliche Ordnung verstoßen wird. Schwierig wird es, wenn der staatliche und der kirchliche Rechtskreis aufeinanderprallen und nicht klar ist, wie diese Divergenzen ausgetragen werden sollen. Können die Kirchen als Körperschaften des öffentlichen Rechts tatsächlich noch ernsthaft behaupten, man sei hier kein Teil der staatlichen Gewalt, bleibe von daher grundrechtsberechtigt, aber nicht grundrechtsverpflichtet? Mir erscheint es von daher zwingend, zu unterscheiden zwischen dem Binnenbereich der verfassten Kirchen, also Fragen der Verkündigung oder der Glaubensüberzeugungen, bei denen die Religionsgemeinschaften wirklich frei bleiben müssen, und ihrem Engagement in Schulen, Kindertagesstätten und Kranken- und Pflegeeinrichtungen. Dort, wo sie staatliche Aufgaben subsidiär wahrnehmen, müssen die Religionsgemeinschaften auch grundrechtsverpflichtet agieren. Die Berufung der beiden Kirchen auf bedingungslose Autonomie ist angesichts der vielen einschlägigen Skandale nicht mehr akzeptabel. Die Kirchen haben das Vertrauen von Politik und Gesellschaft in ihre gesellschaftsdienliche Funktion unter Beachtung rechtsstaatlicher Standards aufgebraucht. Dazu gehört auch, dass der Staat Opfern und Geschädigten in kirchlichen Einrichtungen den Weg zu staatlichen Gerichten und Behörden ermöglicht, auch wenn er sich dabei mit den großen Playern im Bildungs- und Gesundheitswesen anlegen muss. Die bisherige vornehme Zurückhaltung staatlicher Strafverfolgungsbehörden und Gerichte bei offenkundigen Straftaten in kirchlichen Einrichtungen muss ein Ende haben. Justitia darf bei den Kirchen nicht auf einem Auge blind sein, nur um sie nicht zu vergrätzen. Vor dem Gesetz sind alle gleich und die Kirchen als Institutionen nicht gleicher, auch wenn bei diesen kirchlichen Institutionen und Einrichtungen bis zu zwei Millionen Menschen arbeiten und ihr Herzblut im Dienst am Nächsten einbringen. Und damit sind wir bei den konkreten Handlungsfeldern, in denen die Politik, vor allem auf Landes- und kommunaler Ebene, auf vielen Gebieten noch immer mit beiden Kirchen kooperiert. Im nächsten Kapitel geht es um die große Schar der Mitarbeiter:innen in kirchlichen Einrichtungen, und damit steht auch das kirchliche Arbeitsrecht auf dem Prüfstand.

Wer kooperiert, der bleibt –
die unheilige Allianz
auf dem Prüfstand

Von der Kita bis zum Altersheim:
Öffentliche Aufgaben in kirchlicher Hand

Die beiden Kirchen sind auf allen Feldern von gesellschafts-
politischer Bedeutung aktiv. In einigen Regionen haben sich
bis heute starke katholische oder evangelische Bevölkerungs-
anteile gehalten, dazu kommen Besonderheiten wie in Hessen, wo es keine gesetzliche Grundlage für die Finanzierung
von Kindertagesstätten gibt und jeder freier Träger, also auch
die Kirchen, mit den Kommunen die Refinanzierung der von
ihnen getragenen Einrichtungen verhandeln muss. Auch in
den stark säkularen ostdeutschen Bundesländern blieben über
die Jahrzehnte der DDR hinweg kirchliche Einrichtungen erhalten und kamen nach der Wiedervereinigung neue hinzu. Es finden sich dort etwa Schulen in kirchlicher Trägerschaft, von der
Ostseeküste (drei katholische Schulen in Rostock, Schwerin
und Ludwigslust) über Brandenburg (neun evangelische Schulen zum Beispiel in Cottbus und Brandenburg) und Sachsen-
Anhalt mit fünf katholischen Schulen zum Beispiel in Magdeburg und Halle bis hin nach Sachsen (89 evangelische Schulen
an 69 Standorten wie Chemnitz und Annaberg). Auch im Freistaat Thüringen, wo die Parteien an den politischen Rändern
bei den Wahlen überdurchschnittliche Erfolge verzeichnen,

gibt es Schulen in kirchlicher Trägerschaft, auf dem Gebiet des Bistums Erfurt etwa zwei allgemeinbildende und vier berufsbildende Schulen sowie eine Förderschule in katholischer Trägerschaft. Gerade nach der Wiedervereinigung, die auch den Kirchen in den neuen Bundesländern endlich die Freiheit zurückgab, die sie unter dem DDR-Unrechtsregime nicht wirklich hatten, ist ihnen der Bildungssektor ein wichtiges Anliegen, um ihr christliches Menschenbild in pädagogische Einrichtungen zu bringen, die natürlich allen Kindern und Jugendlichen gleich welcher Konfession, Religion oder Weltanschauung offenstehen. Dies gilt für Schulen wie für Kindertagesstätten.

Was hier mit wenigen Beispielen für den Schulsektor in Ostdeutschland illustriert wurde, gilt in gleicher Weise für Krankenhäuser, Pflegeeinrichtungen, Altenheime und Einrichtungen für Menschen mit körperlichem oder geistigem Handicap. Neben dem verfassungsrechtlichen Verständnis des Grundgesetzes von Subsidiarität zwischen Bund und Ländern (Art. 70 GG), Bund und Europa (Art. 23 GG) und im Europarecht selbst (Art. 5 Abs. 3 Nr. 3 EUV) finden wir vor allem im Bereich der Sozialgesetzgebung den Hinweis auf die freien Träger, denen staatliche Aufgaben übertragen werden sollen. So heißt es zum Beispiel in § 4 Abs. 2 SGB VIII: »Soweit geeignete Einrichtungen, Dienste und Veranstaltungen von anerkannten Trägern der freien Jugendhilfe betrieben werden oder rechtzeitig geschaffen werden können, soll die öffentliche Jugendhilfe von eigenen Maßnahmen absehen.« In der deutschen Rechtstradition zählt die Übernahme auch staatlich-hoheitlicher Aufgaben durch ganz unterschiedliche freie Träger zu den Charakteristika der Verfassungswirklichkeit.

Sie korrespondiert mit der zentralen Botschaft des Christentums, ohne Ansehen der Person dem Nächsten zu helfen, wie es die berühmte Geschichte vom barmherzigen Samariter anschaulich ins Wort fasst.[1] Gottes- und Nächstenliebe sind dem Christentum, aber auch dem Judentum und dem Islam wohlvertraut. In den Gründerjahren von Caritas und Diakonie wurden Christ:innen aus beiden Kirchen von sich aus aktiv, um Ende des 19. und zu Beginn des 20. Jahrhunderts die größte Not anzupacken. Die Verelendung großer Bevölkerungsteile im Gefolge der kapitalistischen Industrialisierung, die hohe Kindersterblichkeit in Arbeiterfamilien, die mangelnde Schulbildung und Gesundheitsversorgung riefen nach tatkräftiger Hilfe. Erst viel später wurden diese Aktivitäten von den Amtskirchen offiziell anerkannt. Dieses Engagement, wirklich nah an der Grundurkunde des christlichen Glaubens, dem Evangelium, wird bis heute von vielen Menschen geschätzt, die sich ansonsten von den Kirchen enttäuscht abgewendet haben. Und entgegen mancher Vorurteile sind beileibe nicht alle Aktivitäten dieser christlichen Großorganisationen durch die sozialen Sicherungssysteme refinanziert.[2] Ich denke an mobile Ambulanzen in Berlin für kranke Menschen, die obdachlos auf der Straße leben und keine Krankenversicherung besitzen. Ich denke an Kinderhospize, die mit beträchtlichen Spenden bedacht werden. Ich denke an freiwillige Unterstützungen für junge Mütter, die zu ihrem Kind stehen. Ich denke an Kirchenasylbewegung und Pax Christi, die politisches Christentum praktizieren. Vielleicht sind auf Dauer solche Aktivitäten die letzten Leuchttürme, die noch für die Glaubwürdigkeit der Kirchen sorgen. Der Essener Bischof Franz-Josef Overbeck nennt sie »Identifikationsorte« einer »zukünftigen kleinen Diasporakirche«, die sich demütig und selbstlos diakonisch in den Dienst der Gesellschaft stellt, sich vor allem den unter die Räder gekommenen Menschen solidarisch verpflichtet weiß und nicht mehr auf Privilegien setzt. Sozialromantik? Nicht wirklich, sondern Kirche, wie sie sein sollte.

Kirchliche Einrichtungen:
Leuchttürme des Glaubens oder
Reservate der Frömmigkeit?

Doch halt: Was gerade wie ein kirchlicher Werbeblock daher-
kommt, ist in der katholischen Kirche in Deutschland nicht
unumstritten. Ideologische Gräben zwischen den Bischöfen
sind unübersehbar. Worüber bis zur Wende 1990 und vielleicht auch noch zu Beginn des neuen Jahrtausends weithin
Konsens herrschte, nämlich über die extensive, flächendecken-
de und offensiv betriebene Bereitschaft der katholischen Kirche zur Übernahme staatlicher Aufgaben, vor allem der boomenden Kindertagesstätten, ist zwischen den Bischöfen heute
nicht nur aus finanziellen Gründen sehr umstritten. Dabei
herrscht Einigkeit darüber, dass Kindertagesstätten und Schulen fast schon die letzten Orte sind, an denen die Kirche Eltern,
Kinder und Jugendliche erreichen kann. Deshalb wird auch so
viel Geld in religionspädagogisch und pastoral qualifizier-
tes Personal investiert. Denn auch in Familien, die ihre Kinder noch haben taufen lassen, spielen Glaube und Religion im
Alltag nur noch selten eine Rolle. Dieses Defizit soll von den
ersten Kindestagen an durch gezieltes christliches Briefing in
katholischen Einrichtungen kompensiert werden, um die Zukunft der katholischen Kirchengemeinden zu sichern. So weit
Theorie, Strategie und politische Absicht.

Dann beginnen auch schon die Friktionen unter den Bischöfen – auch in der Frage der Trägerschaft von Krankenhäusern oder Pflegeheimen. Eine kleine, aber wirkmächtige
und bestens mit römischen Stellen vernetzt agierende Gruppe von konservativen, manche würden auch sagen, reaktionä-
ren Bischöfen – Kardinal Rainer Maria Woelki (Köln), Bischof
Stefan Oster (Passau), Bischof Rudolf Vorderholzer (Regens-

burg), Bischof Gregor Maria Hanke OSB (Eichstätt) und Bert-
ram Meier (Augsburg), gelegentlich unterstützt von Bischof
Wolfgang Ipolt (Görlitz) – sieht den flächendeckenden Betrieb
katholischer Einrichtungen, die Staatsaufgaben übernehmen,
skeptisch. Sie machen sich Sorgen um nicht mehr perfekt katholisch domestizierte Mitarbeiter:innen, die von A bis Z den
katholischen Katechismus auswendig kennen und vor allem
leben, besonders in Fragen der Sexualmoral, und sie wehren
sich gegen die durch staatliche Gesetzgebung vorgegebenen
Mindeststandards etwa in Fragen der Gendergerechtigkeit,
und überhaupt stört sie das mangelnde katholische Profil
so mancher katholischer Einrichtung. Ihr schlichtes Mantra
lautet: Nur dort, wo katholisch drin ist, darf auch katholisch
draufstehen. Ist nicht genügend katechismustreues katholisches Personal vorhanden und fehlt es an einer katholischen
Identität der Einrichtungen, sollen sie lieber von der öffentlichen Hand betrieben werden. Dahinter steht das biblische
Bild vom Heiligen Rest. Diese Bischöfe setzen auf eine kleinere Zahl katholischer Einrichtungen, die dann mit hoffentlich ausschließlich katholischen Mitarbeiter:innen oder zumindest vielen christlichen Mitarbeiter:innen, die sich mit
dem katholischen Profil uneingeschränkt identifizieren können, zu Leuchttürmen werden, von denen die Menschen wie
Motten zum Licht evangelisierend angezogen werden, um sich
schließlich zu Christus zu bekehren. Die große andere Mehrheit der deutschen Bischöfe wird von den biblischen Bildern
des Sauerteigs oder des unscheinbaren Senfkorns motiviert.
Danach betreibt die katholische Kirche die vielen Einrichtungen nicht, um direkt zu missionieren, sondern um selbst-
und absichtslos durch die selbstverständliche Hinwendung zu
den Kindern, Jugendlichen, Kranken, Alten und Behinderten
und durch ihr Tun die Liebe Gottes in der Welt aufscheinen

zu lassen. Diesen Spirit der Hinwendung erwarten sie auch von allen Mitarbeiter:innen, aber nicht im Sinne einer katholischen Unterwerfung und einer Totalidentifikation, sondern einer grundsätzlichen Bejahung des christlichen Charakters der Einrichtungen, ohne das eigene Gewissen an der Garderobe abgeben zu müssen. Sie hoffen, dass durch diese absichtslose Arbeit immer mehr Menschen eine Ahnung von dem guten Geist Gottes bekommen, der diese katholischen Einrichtungen prägt und bestimmt. Überzeugen durch authentisches Handeln statt militärischer Mission. Je nach Gefechtslage und finanziellen Möglichkeiten der Bischöfe fällt so manche Entscheidung über die neue Übernahme einer Einrichtung oder das Abgeben von Einrichtungen. Welche praktischen und rechtlichen Konsequenzen dieser Grabenkampf hat, wird sich beim katholischen Arbeitsrecht zeigen.

Beide Strategien bergen ihre Risiken. Die konservativen Bischöfe laufen schnurstracks in die Fundamentalismusfalle, die mein Münsteraner Kollege Michael Seewald beschreibt: »Die Fundamentalismusfalle besteht darin, dass manche behaupten, diesseitige Ablehnung korrespondiere mit jenseitiger Zustimmung. Sie fühlen sich ihrem Gott umso näher, je mehr Kritik sie für das, was sie verkünden oder tun, ernten, und steigern sich so in die Pose des Bekennertums hinein. (…) Der Fundamentalismus lebt geradezu von dieser Gleichung des Entweder-oder: Ansehen bei Gott und Zustimmung bei den Menschen verhalten sich umgekehrt proportional zueinander. (…) Aus diesem Grund verengen Fundamentalisten den christlichen Glauben auch auf einige wenige kontroverse Themen, die im katholischen Kontext meist mit Sexualität und Geschlechterrollen zu tun haben. Fundamentalisten erzeugen dabei einen hohen Bekenntnisdruck: Bei der selektiven Auswahl der Themen, die ihnen wichtig sind, verlangen sie ein hartes Ja oder Nein. Wer da die ›falsche‹ Antwort gibt, dem wird schnell das Katholischsein abgesprochen, und wer versucht, Grautöne in diese Schwarz-Weiß-Landschaft einzutragen, dem wird ein lau gewordener Glaube – so etwas wie catholicism light – unterstellt. Der Fundamentalismus ist zwar ein unangenehmes Phänomen innerhalb der Kirche, er kommt jedoch nicht notwendigerweise mit einem hässlichen Gesicht daher. Seine Vertreter sind nicht bloß alte Starrköpfe, sondern auch jung und dynamisch wirkende, charismatisch beschwingte Gruppen, die mit zeitgenössischer Ästhetik und scheinbarer Jugendzugewandtheit versuchen, ihre Ware unter die Leute zu bringen. Unterscheidungsvermögen ist also vonnöten.«[3] Seewald bringt den ideologischen Kern auf den Punkt: Für diese Bischöfe gibt es nur schwarz-weiß, entweder ist eine Einrichtung katholisch oder sie es nicht. Der Leuchtturmgedanke wiederum soll religiös musikalische Menschen affizieren, anziehen und durch ein streng katholisches Programm, das das ganze Leben in all seinen Bereichen bestimmt, dauerhaft zu Jüngerinnen und Jüngern werden lassen. Nur: Der Weg zur Sekte und auch zur gesellschaftlichen Marginalisierung ist hier nicht weit.

Aber auch die Senfkorn- und Sauerteigfraktion der Bischöfe kann an eigenen Parametern scheitern. Hinter ihrer Strategie steht ja der Versuch, angesichts der dramatischen Erosion kirchlicher Bindungen den Bedeutungsverlust der Institution, der sie vorstehen, durch breite gesellschaftliche und soziale Aktivitäten aufzuhalten. Kommunen und Länder, damit auch die Bürgerinnen und Bürger, brauchen unsere kirchlichen Einrichtungen, und so bleiben wir ein politisches Schwergewicht, an dem man nicht so einfach vorbeikommt: So könnte man das unausgesprochene Mantra dieser Fraktion beschreiben. Doch sie laufen, wieder mit Michael Seewald gesprochen,

möglicherweise in die »Relevanzfalle«: »Manche sind nämlich der Meinung, man müsse dem Verlust an sozialem Kapital, den Theologie und Kirche in den letzten Jahrzehnten zu
verkraften hatten, dadurch entgegenwirken, dass man die Relevanz von Theologie und Kirche für die Gesellschaft heraus-
stellt. Das ist ein hehres Anliegen. Aber, so paradox es klingt:
Relevanz wird nicht dadurch gewonnen, dass man versucht,
Relevanz zu gewinnen. Relevanz kann nicht erarbeitet werden – sie entsteht entweder beim Arbeiten, oder sie entsteht
gar nicht.«[4] Auf gut Deutsch: Man kann als katholischer Träger noch so vieler Einrichtungen nicht einfach Relevanz, die
man bei den eigenen Kirchenmitgliedern und in der Gesellschaft verloren hat, substituieren, weil man sich in der sozialen Grundversorgung der Gesellschaft unentbehrlich macht.
Auch hier gilt: Vertrauen muss durch Vertrauenswürdigkeit,
aber natürlich auch durch fachliche Exzellenz erworben werden. Kirchliche Einrichtungen sind nicht schon deshalb relevant, weil sie relevante Dienste leisten, sondern weil sie in der
Art, wie sie absichtslos den Dienst an den Nächsten leben, au-
thentisch und überzeugend wirken.

Wo sich Staat und Kirche treffen:
Lobbyarbeit in den Katholischen Büros

In der Kritik an der zu starken Stellung der Kirchen und ihrem vermeintlichen rechtlichen Eigenleben ist immer wieder
vom Lobbyismus die Rede, für den die Katholischen Büros in
Berlin und in den Landeshauptstädten unterhalten werden.
Der Politikwissenschaftler Ulrich Willems hat sich intensiv
mit der Art und Weise der kirchlichen Interessenvertretung
in politischen Kontexten beschäftigt.[5] Willems kann aufzei-

gen, dass sowohl der Inhalt als auch die Form kirchlicher Interessenvertretung auf einer Kombination von Interessenfelder beruhen, die eigentlich nichts miteinander zu tun haben. Seine These lautet, zugespitzt formuliert: Die Kirchen vertreten verschiedenartige Interessen (anwaltliche Interessen für die Schwachen der Gesellschaft, moralische Interessen etwa im Eherecht, fiskalische Interessen bei der Frage der Staatsleistungen, institutionell-besitzstandswahrende Interessen im kirchlichen Arbeitsrecht). Der Erfolg kirchlicher Interessenvertretung beruht darauf, dass zwischen diesen Feldern entweder unbewusst hin und her gesprungen wird oder bewusste »Deals« abgeschlossen werden. Übersetzt: Weil Politiker:innen meinen, dass es wichtig sei, Institutionen wie die Kirchen im Lande zu haben, die karitativ-anwaltliche Interessen vertreten, konzedieren Politik und Verfassung den Kirchen Sonderregelungen im eigenen Arbeitsrecht, obwohl beides in der Sache nichts miteinander zu tun hat. Warum können Staat und Gesellschaft nicht den Einsatz der Kirchen für die Schwachen der Gesellschaft goutieren und unterstützen und doch wie nun die amtierende Regierungskoalition in Teilen fordern, das kirchliche Arbeitsrecht in seinen individual- wie kollektivarbeitsrechtlichen Teilen eins zu eins dem staatlichen Arbeitsrecht anzupassen?

Die Katholischen Büros, könnte man sagen, sind auf diese Art der Interessenvermischung spezialisiert. Auf der einen Seite gelten sie als die moralische Stimme einer scheinbar selbstlos agierenden Institution, auf der anderen Seite sind sie knallharte Verhandler und Interessenvertreter, wenn monetäre oder besitzstandswahrende Interessen der Kirchen berührt werden. Protagonisten der Katholischen Büros in Berlin, Düsseldorf, München oder Wiesbaden, um nur einige effizient arbeitende Katholische Büros zu nennen, verstehen sich einerseits als »Seelsorger:innen« der Abgeordneten. Sie veranstalten Gottesdienste zur Eröffnung des Landtages, halten regelmäßig ein »Gebetsfrühstück« ab, Prälat Jüsten in Berlin hat den todkranken Guido Westerwelle begleitet, andere priesterliche Leiter von Katholischen Büros taufen Kinder von Landtagsabgeordneten. Andererseits, oder vielleicht gerade deshalb, sind die Genannten hocheffektive Lobbyisten. Wer möchte ungeachtet der Parteifarbe solchen selbstlosen Seelsorger:innen Wünsche abschlagen, wenn es um handfeste politische Themen in der Schulpolitik, um neue Krankenhausförderpläne oder neue Landesgesetze zur Refinanzierung der freien Träger von Kindertagesstätten geht, bei denen bereits ein Prozentpunkt mehr oder weniger bei der Erstattung von Baukosten oder bauerhaltenden Maßnahmen die Haushalte der Landeskirchen und Bistümer enorm be- oder im günstigen Fall entlasten kann? Selbst Politiker wie der ehemalige Berliner Kultursenator und Bürgermeister Klaus Lederer von der Partei Die Linke aus einer Stadt, die eher distanziert und kritisch mit Kirchen und anderen Religionsgemeinschaften umgeht, fand Ende 2022 zur Vollversammlung des Zentralkomitees der deutschen Katholiken (ZdK), das nun in Berlin sein Hauptquartier neu eingerichtet hat, nur lobende Worte für die Arbeit der katholischen Kirche in Berlin. Folgen wir einfach einem Auszug aus seiner Grußadresse: »Kirchen als Institutionen sind wichtig, denn sie leisten einen immensen kulturellen Beitrag zum Zusammenhalt. Sie sind wichtig mit ihrem sozialen Einsatz für Menschen in Notsituationen, für die Schwachen unserer Gesellschaft.«[6] Wüsste man es nicht besser, so könnte dies auch der Satz eines CSU-Sozialministers in den sechziger Jahren des letzten Jahrhunderts bei einem Empfang der bayerischen Bischöfe bei der Staatsregierung sein. Wie beim bereits erwähnten Paul Kirchhof wird der Beitrag der Kirchen für den Zusammenhalt der Gesellschaft, als Sinn-beschaffer und Anwalt für die Schwachen und Entrechteten in einem Atemzug genannt. Und natürlich wird der Senator nicht müde, vorher das Engagement des Berliner Senats für den Aufbau einer Katholisch-Theologischen Fakultät an der Humboldt-Universität zu erwähnen und sich selbst auf die Schultern zu klopfen. Selbst in Berlin klappt es augenschein-lich mit der subtilen Implementierung kirchlicher Interessen in den Köpfen führender Lokalpolitiker.

Kirchliches Arbeitsrecht

Kirchliche Einrichtungen, ob unter evangelischer oder katholischer Trägerschaft, brauchen motivierte Mitarbeiter:innen, die sich mit dem christlichen Profil ihres Arbeitgebers identifizieren können. Für sie gilt einerseits das staatliche Arbeitsrecht, andererseits aber auch ein besonderes kirchliches Arbeitsrecht, das in jüngster Zeit einem rapiden Wandel unterworfen war. Unter den Bischöfen ist dieses Recht umkämpft, 2015 weigerte sich der Passauer Bischof Stefan Oster zunächst einmal, die leicht überarbeitete und in wenigen Aspekten liberalisierte Grundordnung für den kirchlichen Dienst in seinem Bistum in Kraft zu setzen. Angesichts der vorsichtigen Liberalisierung einiger weniger Vorschriften zur persönlichen Lebensführung sprach er von der Gefahr der »Selbstsäkularisierung« des kirchlichen Arbeitsrechts.[1] Er war offenbar der Überzeugung, dass die Kirche in existenzielle Gefahr gerate, wenn gleichgeschlechtlich oder wiederverheiratet liebenden kirchlichen Mitarbeiter:innen keine arbeitsrechtlichen Sanktionen mehr drohen. Damit kommen wir zur dramatischen Geschichte des katholischen Arbeitsrechts in den Jahren 1983 bis 2023, in der Bischöfe auftreten, die nicht nur bei ihren Gläubigen, sondern auch bei allen kirchlichen Mitarbeiter:innen, selbst wenn sie nicht katholisch oder sogar ungetauft sein mögen, in die Betten und Herzen schauen wollen. Man kann sie bischöfliche Voyeure nennen.

Caritas mit über 600 000 und Diakonie mit über 460 000 Mitarbeiter:innen sind neben der öffentlichen Hand die größten Arbeitgeber in Deutschland. Rechnet man noch die direkt bei den Kirchen Beschäftigten hinzu, kommt man auf 1,8 bis 2,1 Millionen Männer und Frauen, die bei den Kirchen ihr Geld verdienen. Sie alle unterliegen einerseits natürlich dem staatlichen Arbeitsrecht, aber eben auch kirchenspezifischen Besonderheiten, die beide Kirchen in eigenen kirchlichen Gesetzen niedergelegt haben. Als katholischer Kirchenrechtler konzentriere ich mich bei meiner Darstellung zumeist auf den Bereich der katholischen Kirche.

Es verging wohl in den letzten Jahren kaum ein Tag, an dem nicht aus irgendeiner Ecke in Deutschland ein aufsehenerregender Kündigungsfall in der katholischen Kirche gemeldet wurde, der langwierige arbeitsrechtliche Prozesse nach sich zog. Einige prominente Fälle aus der jüngsten Zeit sollen beispielhaft erwähnt werden.

1998 wurde dem Essener Kirchenmusiker Bernhard Schüth wegen einer außerehelichen Beziehung durch das Bistum Essen gekündigt. Auch in zwei Anläufen durch alle staatlichen Gerichtsinstanzen konnte er diese Kündigung nicht rückgängig machen. Wohl gelang ihm 2010 ein Sieg gegen die Bundesrepublik Deutschland vor dem Europäischen Gerichtshof für Menschenrechte, der ihm 40 000 Euro Entschädigung wegen Verstoß gegen Art. 8 Abs. 1 der Konvention zum Schutz der Menschenrechte und Grundfreiheiten (EMRK) zusprach. Danach hat jedermann Anspruch auf Achtung seines Privat- und Familienlebens, seiner Wohnung und seines Briefverkehrs. Die deutschen Gerichte hätten dieses Recht im Abgleich mit den Interessen des kirchlichen Arbeitgebers nicht ausreichend berücksichtigt. Diese Entscheidung konnte zwar die Kündigung nicht rückgängig machen, signalisierte aber den Gerichten in Deutschland bis zum Bundesverfassungsgericht mehr als deutlich, dass es mit der kirchenfreundlichen Rechtsprechung aus europarechtlicher Perspektive vorbei war.

2012 kündigte im beschaulichen, weithin bürgerlich-katholischen Königswinter die katholische Kirchengemeinde einer beliebten Kindergartenleiterin, weil sie als Geschiedene mit einem neuen Mann zusammenlebte. Selbst im beschaulich-katholischen Rheinland riss den Eltern und Bürger:innen über dieses Gebaren der Kirche die Hutschnur. Einer Bürgerinitiative gelang es, im Stadtrat einen Beschluss herbeizuführen, mit dem die Stadt verpflichtet wurde, der katholischen Kirchengemeinde den Trägervertrag zu kündigen, um die Einrichtung anschließend einem freien christlichen Träger zu übertragen, der die geschasste Kindergartenleiterin weiterbeschäftigte. Die Kündigung der Trägervereinbarung war ein Paukenschlag, denn bis dato hätte gerade im katholischen Rheinland kaum jemand den Bruch mit dem katholischen Träger wegen einer arbeitsrechtlichen Auseinandersetzung gewagt. Lange Zeit hielt sich die katholische Kirche zumindest in dieser Region für immun gegen Kritik an der arbeitsrechtlichen Durchsetzung ihrer rigiden Moralvorstellungen. Nun stellte ihr plötzlich eine Kommune einfach den Stuhl vor die Tür.

Das dritte Beispiel ist in die Annalen der deutschen Justizgeschichte eingegangen und firmiert unter dem Label »Düsseldorfer Chefarztfall«. Protagonist ist der Mediziner Romuald A., Chefarzt einer katholischen Klinik in Trägerschaft der Caritas. Er ist katholisch, seine erste Ehe wurde geschieden. Als er mit seiner neuen Partnerin vor dem Standesamt eine neue Ehe schloss, wurde ihm 2009 durch den katholischen Träger gekündigt, weil er nach der Grundordnung von 1993 durch die Wiederheirat angesichts der aus katholischer Sicht weiterhin gültigen ersten Ehe einen schweren Loyalitätsverstoß gegen die Glaubens- und Sittenlehre der Kirche begangen haben sollte. Dabei spielte für die Kündigung augenscheinlich auch keine Rolle, dass dieser fromme Katholik alles versuchte, um seine erste kirchenrechtlich geschlossene Ehe vor dem Kirchlichen Gericht in Köln auf ihre Ungültigkeit prüfen zu lassen. Nein: Der Mann muss gehen, lautete das Urteil der Ordensfrauen und Geschäftsführer dieser Klinik, flankiert und gestützt durch die Kölner Kardinäle und ihre juristischen Hardliner. Für die Kirche erwies sich dies als zeitweiliger Pyrrhussieg, der sich am Ende in eine krachende Niederlage verwandelte und die Axt an das kirchliche Arbeitsrecht in seiner überkommenen Form anlegte. Außerdem führte der Fall in seinen verschiedenen Instanzen zu einem erbitterten Machtkampf zwischen dem gegenüber der katholischen Kirche immer wieder verständnisvollen Bundesverfassungsgericht und dem Bundesarbeitsgericht als zuständigem Fachgericht. Dabei spielte das Bundesarbeitsgericht (BAG) über den Europäischen Gerichtshof (EuGH) juristisches Billard über Bande, um das Bundesverfassungsgericht unter Zugzwang zu setzen. Der Chefarzt gewann alle arbeitsrechtlichen Prozesse, auch vor dem BAG, das den Loyalitätsverstoß gegen das Recht des Arztes auf Familie und Ehe abwog und diesen Grundrechten einen höheren Stellenwert als dem des Selbstbestimmungsrechtes der Kirche und ihrer kollektiven Religionsfreiheit nach Art. 4 GG zuwies. Das Bundesverfassungsgericht kassierte dieses Urteil und mahnte eine ausgewogene Abwägung der Grundrechte der Kirche und denen des Arztes an, wobei deutlich zu erkennen war, dass es seiner jahrzehntelangen Linie »in dubio pro ecclesia« (im Zweifel gehen die Interessen der Kirche vor) folgen wollte. Das BAG wiederum war mit dieser Entscheidung des Bundesverfassungsgerichtes nicht zufrieden und bat nun den EuGH zu prüfen, ob diese Entscheidung nicht gegen das europäische Antidiskriminierungsverbot verstoße. Dies bejahte der EuGH im September 2018. In ihrer Entscheidung machten die Luxemburger Richter deutlich, dass kirchliche Anforderungen an loyales Verhalten im Sinne des genannten Ethos eine Ungleichbehandlung zwischen Beschäftigten nur dann rechtfertigten, wenn diese im konkreten Fall »eine berufliche Anforderung (darstellen), die angesichts des Ethos der in Rede stehenden Kirche oder Organisation wesentlich, rechtmäßig und gerechtfertigt ist und dem Grundsatz der Verhältnismäßigkeit entspricht«. Eine kirchenrechtlich gültige Ehe darf also bei einem Mediziner nicht die gleiche Rolle spielen wie zum Beispiel bei einem katholischen Religionslehrer oder einem pastoralen Mitarbeiter, der mit einem besonderen Auftrag im Namen der Kirche Glaubensinhalte vermittelt. Zudem rügten sie die Ungleichbehandlung in diesem katholischen Krankenhaus, da zwar dem katholischen Chefarzt gekündigt wurde, evangelische Chefärzte aber in der gleichen Lebenssituation keine arbeitsrechtlichen Sanktionen erfuhren. Von daher war es dann nicht mehr überraschend, dass das BAG in dem vom Bundesverfassungsgericht geforderten zweiten Urteil der Linie des EuGH folgte und die Kündigung für rechtswidrig erklärte. Nur mit viel Überzeugungskraft konnten ausgewiesene Arbeitsrechtler und bischöfliche Mitbrüder das Kölner Erzbistum davon abbringen, gegen diese Entscheidung des BAG beim Bundesverfassungsgericht erneut Verfassungsbeschwerde einzulegen. Das Urteil war damit rechtskräftig, und der Düsseldorfer Chefarzt arbeitete noch lange in diesem Krankenhaus, bis er die Leitung eines anderen katholischen Krankenhauses in Nordrhein-Westfalen übernahm.

Etwa zur gleichen Zeit musste auch die evangelische Kirche, konkret die Diakonie in Hamburg, ein folgenreiches Urteil des EuGH einstecken. Eine konfessionslose Bewerberin war nicht zu einem Vorstellungsgespräch für eine auf achtzehn Monate befristete, von der Glücksspirale finanzierte Stelle bei einem Anti-Rassismus-Projekt eingeladen worden. In der Stellenausschreibung war die Mitgliedschaft in der evangelischen oder einer anderen Kirche der ACK (Arbeitsgemeinschaft der christlichen Kirchen in Deutschland) gefordert. Darin erkannte die Klägerin eine Diskriminierung für konfessionslose Bewerber:innen und klagte auf Entschädigung nach § 15 Abs. 2 des Allgemeinen Gleichbehandlungsgesetzes (AGG). Auch hier legte das Bundesarbeitsgericht den Fall dem EuGH vor, weil das deutsche AGG dank der Lobbyarbeit beider christlicher Büros im Gesetzgebungsverfahren eine sehr weitreichende Klausel enthält, nach der mit Rücksicht auf das religiöse Selbstverständnis der kirchlichen Arbeitgeber Ungleichbehandlungen bei Ausschreibung und Besetzung von Stellen nicht als Diskriminierung bewertet werden. Für das EuGH war dieser Blankocheck für alle nur denkbaren Stellen bei Religionsgemeinschaften europarechtlich nicht akzeptabel. In der europäischen Antidiskriminierungsrichtlinie sei festgelegt, dass Kirchen die Zugehörigkeit zu einer bestimmten Religion fordern können, wenn dies für eine bestimmte berufliche Tätigkeit eine wesentliche Rolle spiele. Im Einzelfall müssten die Arbeitsgerichte entscheiden. Das BAG stellte nun fest, dass eine bestimmte religiöse Haltung für die Tätigkeit bei einem Anti-Rassismus-Projekt keine Rolle spiele, und gab der Klage auf Entschädigung statt. Beide Kirchen mussten kurz hintereinander zur Kenntnis nehmen, dass gerade das BAG mit Rückendeckung des EuGH kirchenfreundlichen Passagen in deutschen Gesetzen wie dem § 9 AGG deutliche Grenzen setzt oder, wie im Fall des Düsseldorfer Chefarztes, einem Kündigungsautomatismus unter Berufung auf die Religionsfreiheit der Kirche eine deutliche Abfuhr erteilt, weil gegenüber den Interessen der

Kirchen eben auch andere Grundrechtsansprüche zu berücksichtigen sind.

Doch auch danach wurde noch kirchlichen Mitarbeiter:innen gekündigt, wenn sie eine gleichgeschlechtliche Ehe eingingen oder, wie ein Sozialarbeiter bei der Caritas in Freiburg, aus Protest gegen die Karfreitagsbitten im alten Ritus durch Papst Benedikt XVI. aus der Kirche austraten. Und dennoch: Diese drei Beispiele markieren einen Zeitenwechsel im Umgang der Gerichte mit dem lange Zeit unangefochtenen kirchlichen Arbeitsrecht. Konnten sich bis etwa 1990 beide Kirchen sicher fühlen, dass sie spätestens vor dem BAG Recht bekamen und selbst für den Fall, dass das BAG einmal zu ihren Ungunsten entschied, sich immer noch auf das Bundesverfassungsgericht verlassen konnten, stehen die Zeichen heute auf Sturm. Ausgelöst durch europäisches Recht, das nationales Recht auch im bis dato für unberührbar erklärten nationalen Religionsverfassungsrecht immer stärker durchdringt und faktisch verändert, aber auch durch eine stärkere Gewichtung anderer Grundrechte gegenüber der Religionsfreiheit sinken die Aussichten auf eine gerichtsfeste arbeitsrechtliche Sanktionierung mit Berufung auf das eigene Arbeitsrecht immer mehr. Faktisch bleiben nur noch der Kirchenaustritt und dezidiertes kirchenfeindliches Verhalten als mögliche Kündigungsgründe übrig, und selbst der Kirchenaustritt als denkbarer Kündigungsgrund könnte durch ein bald erwartetes Urteil des EuGH zu einer katholischen Hebamme, der nach Kirchenaustritt in einem katholischen Krankenhaus gekündigt wurde[2], dann der Vergangenheit angehören.

Doch wie konnte es überhaupt zu diesem kirchlichen Arbeitsrecht in der Nachkriegszeit kommen, und welche wechselvolle Geschichte hat es bis in die jüngste Zeit durchlaufen? Es war ein langer Weg von katholischen Einrichtungen, in denen in den Nachkriegsjahren überwiegend Ordensschwestern, Ordensbrüder und Priester tätig waren, hin zu katholischen Häusern für Bildung, Krankenpflege und Altenversorgung, in denen heute hochspezialisierte und gut ausgebildete Fachkräfte arbeiten, die in der Regel normale Arbeitnehmer:innen sind und die sich eher selten wie Ordensleute aus dezidiert christlicher Berufung für eine kirchliche Einrichtung entschieden haben. Ihnen geht es um einen sicheren Arbeitsplatz mit guter Bezahlung, freiwilligen zusätzlichen Sozialleistungen und einem Betriebsklima, das natürlich etwas von der Botschaft der Nächstenliebe ausstrahlt.

Zwei Faktoren führten zu dieser Entwicklung: Die Kirchen übernahmen nach dem Zweiten Weltkrieg immer mehr staatliche Aufgaben, gleichzeitig fehlte der Nachwuchs bei den Ordensgemeinschaften. Während deren Mitglieder bis heute für Gottes Lohn arbeiten, mussten immer mehr kirchliche Mitarbeiter:innen angestellt und entlohnt werden. Solange – bis weit in die Geschichte der Bundesrepublik Deutschland hinein – genügend katholische Arbeitnehmer:innen auf dem Arbeitsmarkt zu finden waren, bereitete die Akquise von entsprechenden Mitarbeiter:innen keine Probleme. Lange Zeit kamen die Kirchen, somit auch die katholische Kirche, ohne ein eigenes, explizit normativ hinterlegtes Arbeitsrecht aus, um das besondere Gepräge als Tendenzbetrieb (§ 118 Abs. 1 Nr. 2 Betriebsverfassungsgesetz) zu rechtfertigen. Wie selbstverständlich akzeptierten die staatlichen Arbeitsgerichte Kündigungen wegen eines Verhaltens in der privaten Lebensführung, das gegen tragende Grundsätze der katholischen Sittenlehre verstieß. So wurde dem katholischen Hausmeister nach Scheidung und Wiederheirat genauso wie dem Religionslehrer gekündigt. Weil die Religionsgemeinschaften ihre inneren Angelegenheiten selbst ordnen und verwalten dürfen, reiche dieser Artikel im Grundgesetz, ergänzt um den Hinweis, eine bestimmte außerbetriebliche Verhaltensweise verstoße gegen die Glaubens- und Sittenlehre der Kirche, schon aus, um Kündigungen für rechtmäßig zu erklären.

Der Nestor der katholischen Soziallehre Oswald von Nell-Breuning, als Jesuit nach dem Zweiten Weltkrieg bis ins hohe Alter sozialpolitischer Berater der verschiedenen Regierungen und gewerkschaftsfreundlicher Sozialethiker, weist zutreffend darauf hin, dass in den fünfziger und sechziger Jahren der alten Bundesrepublik die Gebote der zölibatären Hochmoral von Ordenschrist:innen, nämlich Armut, Keuschheit und Gehorsam, unreflektiert auch für laikale kirchliche Mitarbeiter:innen gelten sollten. Der nüchterne Nell-Breuning erkennt hier einen folgenreichen Kategorienfehler: Die Kirche müsse doch entspannt und realistisch zur Kenntnis nehmen, dass die meisten ihrer Mitarbeiter:innen in der Kirche vor allem arbeiten würden, um sich und ihre Familien ausreichend zu versorgen und sozial abgesichert leben zu können. Natürlich sei es wünschenswert, wenn sie die christlichen Ziele der kirchlichen Einrichtungen für sich annehmen könnten. Von ihnen zu erwarten, dass sie im Privatleben wie fromme Heilige und verkappte Ordenschristen leben, sei nicht nur unangemessen, sondern versuche, in ein arbeitsrechtliches Vertragsverhältnis moralische Kategorien einzuschmuggeln, die dort schlicht nichts zu suchen hätten.[3] Dies sagt wohlbemerkt ein ansonsten erzkatholischer, untadeliger und frommer Jesuit, der nun wirklich nicht im Verdacht steht, die Lehrautorität des Papstes und der Bischöfe grundsätzlich in Frage zu stellen.

Lange Zeit akzeptierten die staatlichen Arbeitsgerichte diesen Kategorienfehler. Sobald die Kirchen für arbeitsrechtliche Sanktionen die Glaubens- und Sittenlehre ins Spiel bringen, verbiete es ihnen die Verfassung, als weltanschaulich neutrale Instanzen über arbeitsrechtliche Sanktionen zu befinden. Plausibilität und die sozialrechtlichen Folgen einer Kündigung mussten allerdings die Gerichte schon damals bei ihrer Urteilsfindung beachten. So bestand lange Zeit eine unheilige Allianz: Die katholische Kirche konnte den staatlichen Arm der Gerichte instrumentalisieren, um ihre rigide Sexualmoral durchzusetzen und unliebsame Mitarbeiter:innen loszuwerden. Diese Zeiten sind seit Kurzem vorbei, aber die Betroffenen, deren Berufsbiografien die katholische Kirche zumindest zerstört hat, warten immer noch auf ein Wort der Entschuldigung. Als vorsitzender Schlichter für individualarbeitsrechtliche Streitfälle im Bistum Limburg konnte ich diese Schicksale hautnah verfolgen, und nicht immer ist es mir gelungen, Schaden abzuwenden.

Zu den wirklichen Besonderheiten des kirchlichen Arbeitsrechts gehört es weiterhin – und hier unterscheiden sich beide Kirchen nur in Nuancen –, dass sie als Tendenzbetriebe wie Parteien oder Presseunternehmen auch im kollektiven Arbeitsrecht eigene Wege gehen dürfen. Weder Streik auf Mitarbeiterseite (Art. 9 Abs. 3 GG) noch Aussperrung auf Arbeitgeberseite sind als Instrumente eines regulären Arbeitskampfes bei den Kirchen möglich. Unter dem luftigen und nur schwer festlegbaren Begriff der »Dienstgemeinschaft« gehen die Kirchen einen »Dritten Weg« bei Tarifverhandlungen und anderen Vereinbarungen. Dahinter verbirgt sich die idealtypisch-theologisch motivierte Vorstellung, dass in einer christlichen Einrichtung Streik und Aussperrung aufgrund der unterschiedlichen Interessenlagen von Arbeitgebern und Arbeitnehmer:innen keinen Platz haben dürfen, sondern in paritätisch besetzten Kommissionen einvernehmliche Lösungen gefunden werden müssen, die am Ende der zuständige Bischof oder die evangelische Kirchenleitung in Kraft setzen. Dabei folgen die Tarifeinigungen in diesen Kommissionen in der Regel den Tarifabschlüssen im öffentlichen Dienst. Es kann aber auch ganz anders kommen, so zum Beispiel bei den Verhandlungen über einen Mindestlohn im Pflegebereich. 2021 hatten sich ver.di und der zuständige Fachverband der Arbeitgeber über einen Mindestlohn für Mitarbeiter:innen in der Langzeit- und Altenpflege geeinigt. Obwohl bei Caritas und Diakonie deutlich besser entlohnt wird, verbunden mit einer Tariftreue in über 90 Prozent ihrer Einrichtungen verglichen mit privaten Anbietern, die nicht selten prekäre Arbeitsbedingungen und Entlohnungen aufweisen, verweigerten die beiden großen kirchlichen Player mit über 300 000 Mitarbeitenden in diesem Sektor die Zustimmung. Ein Schlag ins Gesicht für viele Beschäftigte, die weiterhin nur den bisherigen Mindestlohn von 15 Euro erhalten. Die Empörung in Politik und bei den Gewerkschaften war verständlicherweise groß, denn gerade in den Pandemiezeiten wurden die Pflegekräfte zu wirklichen Helden. Was immer die Motive von Caritas und Diakonie gewesen sein mögen, zeigt dieses Verhalten die reale Marktmacht der kirchlichen Großinstitutionen in vielen Feldern der Gesundheits- und Pflegepolitik. Man lässt die Gewerkschaft verhandeln und lehnt einen sinnvollen Kompromiss ab, um die Marktstellung mit gut bezahlten Arbeitsplätzen zu behalten, wenn nicht sogar auszubauen. Denn der Kampf um gut ausgebildete Fachkräfte ist groß, und die Wahrscheinlichkeit, genügend Beschäftigte zu gewinnen, steigt bei deutlich besserer Bezahlung im Vergleich zu den Mitanbietern.

Deshalb greift der aktuelle Koalitionsvertrag die gewerkschaftliche Forderung auf, auch das kollektive Arbeitsrecht der Kirchen dem staatlichen Arbeitsrecht anzupassen. Frank

Bsirske, langjähriger Chef der Dienstleistungsgewerkschaft ver.di und nun Bundestagsabgeordneter der Fraktion Bündnis 90/Die Grünen, fordert daher schon länger: »Es wird Zeit, dass die über eine Million Menschen, die bei Caritas und Diakonie beschäftigt sind, nicht mehr als Arbeitnehmer:innen zweiter Klasse behandelt werden. Auch sie müssen das Recht haben, Betriebsräte zu gründen, Tarifverträge in einem ordentlichen Verfahren abzuschließen und für ihre Belange streiken zu dürfen.«[4] Anfang 2023 wurde bekannt, dass das Bundesarbeitsministerium immerhin einen Prüfauftrag im eigenen Haus initiiert hat, wie diese Angleichung in Zukunft geschehen könne. Dort begegnet man der Grundordnung der katholischen Kirche von 2023 offenbar mit Wohlwollen und zweifelt daran, ob man die Kirchen überhaupt zwingen kann, ihr kollektives Arbeitsrecht zu ändern. Das sehen gewerkschaftsnahe Arbeitsrechtler wie Peter Stein natürlich anders. In einem Gutachten für die Hans-Böckler-Stiftung kommt er zu dem Ergebnis, dass das kirchliche Arbeitsrecht nicht unionsfest sei, zudem es sicher nicht zum christlichen Proprium gehöre, und hält dann abschließend fest: »Der Topos der christlichen Dienstgemeinschaft darf kein Instrument sein, die Geltung der staatlichen Rechtsordnung zu marginalisieren und das kirchliche Arbeitsrecht gegen Antidiskriminierungsrecht und kollektive Arbeitnehmerrechte zu immunisieren.«[5] Von daher fordert Stein, die Herausnahme der Kirchen aus dem Betriebsverfassungsgesetz rückgängig zu machen. So weit gehen selbst die Sozialdemokraten und Bündnis 90/Die Grünen aktuell noch nicht, weil sie befürchten müssen, dass es dann zu einem flächendeckenden Rückzug der Kirchen aus vielen Feldern der staatlichen Daseinsfürsorge kommen würde, den der Staat weder kurzfristig noch langfristig auffangen könnte. Der Staat hat sich hier in eine Art von Geiselhaft der

Kirchen begeben, aus der er nur schlecht herauskommt, will er nicht in wesentlichen Bereichen Gefahr laufen, dass Kranke nicht behandelt, Kinder nicht betreut, Alte nicht gepflegt und Schüler nicht unterrichtet werden.

Auch in der Rechtsprechung des BAG sind, wenn überhaupt, nur erste zarte Pflänzlein bei der Duldung gewerkschaftlicher Aktivitäten in kirchlichen Betrieben zu beobachten. Hier spielt diesmal ein Fall in der Diakonie im westfälischen Hamm eine Rolle, den das BAG 2012[6] zu entscheiden hatte. Von Gewerkschaftsseite waren im Zusammenhang von Verhandlungen über die Entlohnung der Beschäftigten Streik und Arbeitsniederlegung angekündigt worden. Dagegen hatte sich die Diakonie als Träger arbeitsrechtlich gewehrt und durch alle Instanzen Recht bekommen. Natürlich rekurrierten die Rechtsvertreter der Diakonie auf das Selbstbestimmungsrecht der Kirchen[7] mit Hinweis auf den »Dritten Weg«, der vom Grundgedanken der Dienstgemeinschaft keine arbeitsrechtlichen Konfliktinstrumente vertrage. Dagegen brachten die Anwälte der Gewerkschaftsseite Art. 9 Abs. 3 GG ins Spiel, der als Grundrecht der Arbeitnehmer:innen den Streik ausdrücklich schützt und garantiert. Es könne nicht angehen, dass bei den vielen Beschäftigten in Caritas und Diakonie, die durchaus auch wirtschaftliche Ziele verfolgten, das von der Verfassung garantierte Grundrecht auf Streik und auch das Recht auf gewerkschaftliche Organisation dem Selbstbestimmungsrecht der Kirchen geopfert werde. Das BAG hält einerseits an der vom Bundesverfassungsgericht festgeklopften Doktrin fest, dass das Selbstbestimmungsrecht den Kirchen einen verfassungsmäßigen Spielraum biete, kirchenspezifische arbeitsrechtliche Regelungen im Sinne der Art. 4 und 140 zu erlassen, andererseits müsse man den kirchlich Beschäftigten einen Ausgleich der verschiedenen Grundrechtsansprüche bieten,

ganz konkret das Recht, sich gewerkschaftlich zu organisie-
ren und Betriebsräte zu gründen. Der Leitspruch des Urteils
stellt fest: »Verfügt eine Religionsgesellschaft über ein am
Leitbild der Dienstgemeinschaft ausgerichtetes Arbeitsrechts-
regelungsverfahren, bei dem die Dienstnehmerseite und die
Dienstgeberseite in einer paritätisch besetzten Kommission
die Arbeitsbedingungen der Beschäftigten gemeinsam aus-
handeln und einen Konflikt durch den neutralen Vorsitzenden
einer Schlichtungskommission lösen (sogenannter Dritter
Weg), dürfen Gewerkschaften nicht zu einem Streik aufrufen.
Das gilt jedoch nur, soweit Gewerkschaften in dieses Verfahren organisatorisch eingebunden sind und das Verhandlungs-
ergebnis für die Dienstgeberseite als Mindestarbeitsbedin-
gung verbindlich ist.«[8] Zum ersten Mal wurden die Kirchen
verpflichtet, in ihren paritätisch von Arbeitgeber- und Arbeit-
nehmervertreter:innen besetzten Kommissionen in begrenz-
ter Zahl auch Vertreter:innen der Gewerkschaften zu akzeptieren. Diese Forderung des Gerichts wurde in den kirchlichen
Gesetzen dann auch umgesetzt. Natürlich sind dieses Urteil
und seine rechtlichen Folgen von den Forderungen der Ampelkoalition noch weit entfernt, aber zum ersten Mal stellte
die höchste staatliche arbeitsgerichtliche Rechtsprechung das
Selbstbestimmungsrecht der Kirchen nicht mehr über andere
Grundrechtsansprüche.

Oswald von Nell-Breuning, dessen Name auch noch heute einen guten Klang unter Gewerkschaftern hat, hätte diesen
Haarriss im System des »Dritten Weges« sicher begrüßt, aber
das Urteil wäre ihm wohl noch nicht weit genug gegangen. Er
sieht im »Dritten Weg« keine Übernahme der katholischen
Soziallehre mit unabhängiger Interessenvertretung der Arbeitgeber und Arbeitnehmer:innen und der gewerkschaftli-
chen Interessenvertretung der Beschäftigten. Schon hier ver-

weist Nell-Breuning auf Art. 9 Abs. 3 GG, dem Recht auf Gründung von Gewerkschaften zur kollektiven Vertretung der Rechte der Arbeitnehmer:innen. Nehme man die Sozialverkündigung der Päpste ernst, so müsste dieses Recht auch für kirchliche Dienstnehmer:innen gelten und könne nicht einfach mit Verweis auf das Selbstbestimmungsrecht der Religionsgemeinschaften und einem sehr weit ausgelegten Recht auf kollektive Religionsfreiheit nach Art. 4 GG abgewiesen werden. Auch wenn die katholischen Einrichtungen christliche Ziele verfolgen, komme es dort zu Interessengegensätzen zwischen Arbeit und Kapital. Im Übrigen gelte auch für staatliche Bedienstete, dass sie an die Verfassung und deren Grundprinzipien gebunden seien, aber auch ihnen stehe das Recht zur legitimen Interessenvertretung zu.

Natürlich greift Nell-Breuning den Gedanken auf, dass es Pflicht und Aufgabe der Leitungselite einer katholischen Einrichtung sei, bei unternehmerischen Entscheidungen die christliche Grundausrichtung im Blick zu behalten. Dies schließe aber nicht aus, dass es auf Seiten der Mitarbeiter:innen in kirchlichen Einrichtungen eine auf demokratischen Grundsätzen basierende Interessenvertretung gebe. Während in einer parlamentarischen Demokratie die Kontrolle parlamentarisch geschehe, erfolge sie in der katholischen Kirche hingegen hierarchisch. Daran rüttelt Nell-Breuning nicht. Und doch schließt Nell-Breuning einen Satz an, der nicht nur für die kollektivarbeitsrechtliche Dimension des katholischen Arbeitsrechts bedeutend ist, sondern auch generell zur Demokratisierung der katholischen Kirche inspirieren könnte: »Die Kirche ist keine Demokratie; sie ist hierarchisch verfasst. Das besagt jedoch nicht, dass in der Kirche kein Raum sei für demokratische Strukturen und Institutionen. Wenn selbst die Struktur der kirchlichen Orden demokratische Elemente enthält, dann ist nicht einzusehen, warum dafür in der Struktur kirchlicher Unternehmen und Betriebe, kirchlicher Einrichtungen und Anstalten, insbesondere mit karitativen und erzieherischen Aufgaben, kein Raum sein sollte.«[9]

Nell-Breuning bringt weitere Argumente für eine Tariffähigkeit der Kirchen vor. Sie schließen Arbeitsverträge ab, verstehen sich also als Arbeitgeber und sind damit grundsätzlich tariffähig. Auch das gerne vorgetragene Argument, die tariflichen Auseinandersetzungen zwischen Gewerkschaften und Arbeitgeberverbänden könnten im kirchlichen Raum nicht geführt werden, weil hier nicht die unterschiedlichen Interessen von Kapital und Arbeit aufeinanderprallen, entkräftet Nell-Breuning mit dem Hinweis auf die katholische Soziallehre der Päpste, die doch gerade beiden Tarifparteien die Verpflichtung auferlegt habe, gemeinwohlorientiert und im Blick auf gemeinsame Interessen zu einvernehmlichen Lösungen zu kommen. Und auch im öffentlichen Dienst handle der Staat mit Gewerkschaften Tarifverträge aus, was bei Papst Johannes XXIII. ausdrücklich Zustimmung gefunden habe.[10] Diese bis heute gültigen Argumente widerlegen die bis in die Gegenwart immer wieder vorgetragene Unverträglichkeitsthese des staatlichen und kirchlichen Arbeitsrechts. Ob diese These, die jüngst der kirchennahe Bonner Arbeitsrechtler Gregor Thüsing vehement verteidigt hat, indem er den »Dritten Weg« als Wahrung des kirchlichen Propriums unter dem Leitbegriff der Dienstgemeinschaft bezeichnet[11], noch eine taugliche Halbwertzeit aufweist, wird die Zukunft zeigen. Mit meinem Bonner Kollegen Norbert Lüdecke bin ich allerdings skeptisch, ob die Berliner Politik genügend Mut aufbringt, die Kirchen gerade im kollektivarbeitsrechtlichen Bereich zur Angleichung an das geltende staatliche Arbeitsrecht zu zwingen. Lüdecke kann sich nicht vorstellen, dass die Politiker:innen tatsächlich Wählerstimmen durch Streit mit den Kirchen in diesem arbeitsrechtlichen Themenfeld riskieren wollen. Nach seiner Auffassung warten sie eher in Ruhe ab, bis die Kirchen durch quantitative Auszehrung ihre Kampagnenfähigkeit eingebüßt haben. Und er schreibt weiter: »Zudem hat der Staat sich von den Kirchen abhängig gemacht, weil er ihnen als Wohlfahrtsträger so viel Raum gelassen hat, dass er einen Rückzug dieser Sozialkonzerne nicht kompensieren könnte.«[12]

Die Berliner Politik freilich zeigt durchaus Sympathie für die neue Grundordnung der katholischen Kirche, die sie in allen deutschen Bistümern bis Mitte 2023 in Kraft gesetzt haben wird. Sie fasst die individualarbeitsrechtlichen Besonderheiten als auch die grundsätzlichen Normen des kollektiven Arbeitsrechts als Gesetz zusammen. Bis 1983 waren die deutschen Bistümer wie auch die evangelischen Landeskirchen nicht verpflichtet, eigene arbeitsrechtliche Normen zu erlassen, weil ihnen die Verfassung oder die staatlichen Gerichte freie Hand gaben, ihre Verträge mit Beschäftigten und mögliche Sanktionen bei Verletzung vertraglicher Verpflichtungen entsprechend zu ahnden. Kollektivarbeitsrechtlich wurde 1971 die erste Rahmenordnung für eine Mitarbeitervertretungsordnung (MAVO) beschlossen, also ein kirchliches Pendant zu den Personal- und Betriebsräten in der öffentlichen Verwaltung und Wirtschaft, die inzwischen mehrfach überarbeitet wurde. Seit über vierzig Jahren (ab 1977) gibt es die KODA, die Kommission zur Ordnung des diözesanen Arbeitsrechts, und seit 1999 sogar eine Zentral-KODA auf Bundesebene neben weiteren regionalen Zusammenschlüssen in einzelnen Bundesländern (Regional-KODA). Diese jeweiligen Ordnungen werden immer wieder novelliert und den Veränderungen der Arbeitswelt und der Rechtsprechung angepasst. Sie sind Ausdruck des »Dritten Weges«, der auf paritätisch besetzte

Kommissionen von Arbeitgebern und Arbeitnehmer:innen setzt, die sich auf arbeitsrechtliche und tarifrechtliche Normen einigen müssen. Seit 2005 gibt es in der katholischen Kirche auch kirchliche Arbeitsgerichte (KAGO), die sich mit Streitigkeiten im kollektiven Arbeitsrecht der Kirchen beschäftigen und in zwei Instanzen aufgebaut sind. An diesem System rüttelt auch die neue Grundordnung von 2023 nicht, und die Kirchen haben in diesem Bereich von der Politik wohl auch nichts zu befürchten.

Die drei geschilderten arbeitsrechtlichen Streitfälle aus der jüngeren Zeit zeigen, dass die individualarbeitsrechtlichen Besonderheiten des kirchlichen Arbeitsrechts immer wieder von Entscheidungen staatlicher Arbeitsgerichte abhängen, aber auch von allgemeinen gesellschaftlichen Entwicklungen beeinflusst werden. Hier ist aber auch ein mögliches Missverständnis auszuräumen. Der Begriff des »kirchlichen Arbeitsrechts« könnte den Eindruck erwecken, als würden die Kirchen völlig losgelöst von den vielgestaltigen staatlichen arbeitsrechtlichen Normen ihr eigenes Arbeitsrecht betreiben. Das trifft nicht zu. Die individualarbeitsrechtlichen Normen beziehen sich auf den besonderen Charakter kirchlicher Einrichtungen und die Erwartungen der Kirchen, dass sich ihre Mitarbeitenden mit den Zielen der Einrichtungen, die natürlich christlich imprägniert sind, vorbehaltlos identifizieren. Auch ein weltlicher Arbeitgeber wie ein Automobilhersteller darf von seinen Mitarbeitenden erwarten, dass sie sich in ihrem beruflichen und privaten Leben so verhalten, dass der Betrieb und seine wirtschaftlichen Ziele keinen Schaden nehmen. Ansonsten gilt das staatliche Arbeitsrecht vom Kündigungsschutzgesetz bis hin zu besonderen arbeitsrechtlichen Schutzbestimmungen für Auszubildende selbstverständlich auch für die Kirchen.

Ausgelöst durch verschiedene Entscheidungen des Bundesverfassungsgerichtes in den 1980er Jahren geriet vor allem die katholische Kirche unter Zugzwang, ihre arbeitsrechtlichen Erwartungen an das dienstliche und außerdienstliche Verhalten ihrer Beschäftigten zu präzisieren, da den Richter:innen in Karlsruhe schon zu dieser Zeit nicht mehr recht einleuchten wollte, dass die Wiederheirat nach Scheidung bei allen Mitarbeitenden zur Kündigung führen solle. Es sei schließlich ein Unterschied, ob jemand im technischen Bereich oder in der Pflege seine Arbeit verrichte oder leitend tätig eine Arbeit in der Seelsorge mit großer Nähe zum Verkündigungsauftrag der Kirche ausübe. Damit wurde der katholischen Kirche richterlich die erste gelbe Karte gezeigt, obwohl damals noch keine europarechtlichen Antidiskriminierungstatbestände das deutsche Recht beeinflussten oder von staatlicher Seite Druck auf die Kirchen ausgeübt wurde, ihren »Dritten Weg« und ihre rechtlich hinterlegten Erwartungen auch an das Verhalten ihrer Beschäftigten mit Bezug auf den Glauben auch nur im Ansatz in Frage zu stellen. In der langen Zeit der von Helmut Kohl und Angela Merkel geführten Regierungen blieben die Kirchen faktisch sakrosankt. Dazu passte, dass genau in diese Zeit das lange Pontifikat des inzwischen heiliggesprochenen Papstes Johannes Paul II. mit seinem Adjutanten und Exekutor in der Bewahrung des katholischen Glaubens, dem Präfekten der Glaubenskongregation Joseph Kardinal Ratzinger, fiel. Während dieses Eiszeitpontifikats wurden in Rom die Wände zur verdorbenen Welt wieder hochgezogen und lehramtlich abgesichert. Die Theologie des Leibes des polnischen Papstes führte, sekundiert vom deutschen Schöngeist Ratzinger, zu einer geradezu manischen Fixierung auf die menschliche Sexualität in all ihren Varianten. Bis heute postuliert der von beiden Kirchenfürsten veröffentlichte Katechismus, dass

Sexualität nur in einer kirchenrechtlich gültigen Ehe zwischen Mann und Frau, die beide offen sind für zahlreichen Nachwuchs, sittlich gut und keine schwere Sünde ist. Alle anderen Varianten heterosexueller Liebe, vor allem aber jegliche Form gelebter Homosexualität, werden vom katholischen Lehramt grundsätzlich als sittlich verwerflich, bei gleichgeschlechtlich liebenden Menschen gar als naturrechtswidrig disqualifiziert, weil diese Form der Sexualität nicht auf die Weitergabe des Lebens ausgerichtet sein kann. Kardinal Joseph Ratzinger, der spätere Papst Benedikt XVI., kämpfte als Chef der Glaubenskongregation (GK) geradezu besessen gegen die weltweit zunehmende Akzeptanz gelebter Homosexualität. Kostproben gefällig, die auch arbeitsrechtlich relevant werden sollten? Es beginnt mit dem Schreiben der GK an die Bischöfe der Weltkirche 1986 über die Seelsorge für homosexuelle Personen, es folgen 1992 einige Hinweise zu gesetzlichen Bestrebungen des Abbaus von Antidiskriminierung von Homosexuellen. 2003 äußert sich die GK erneut mit Erwägungen zu den Entwürfen einer rechtlichen Anerkennung der Lebensgemeinschaften zwischen homosexuellen Personen. Auch ist an die Normen der Bildungskongregation von 2005 zur Frage der Aufnahme beziehungsweise Nichtaufnahme von homosexuellen Männern ins Priesterseminar zu erinnern. Die zentrale Passage lautete: »Im Licht dieser Lehre hält es dieses Dikasterium (Begriff für eine päpstliche Behörde; TS) im Einverständnis mit der Kongregation für den Gottesdienst und die Sakramentenordnung für notwendig, mit aller Klarheit festzustellen, dass die Kirche – bei aller Achtung der betroffenen Personen – jene nicht für das Priesterseminar und zu den heiligen Weihen zulassen kann, die Homosexualität praktizieren, tiefsitzende homosexuelle Tendenzen haben oder eine sogenannte homosexuelle Kultur unterstützen. Die genannten Personen befinden sich nämlich in einer Situation, die in schwerwiegender Weise daran hindert, korrekte Beziehungen zu Männern und Frauen aufzubauen. Die negativen Folgen, die aus der Weihe von Personen mit tiefsitzenden homosexuellen Tendenzen erwachsen können, sind nicht zu übersehen. Falls es sich jedoch um homosexuelle Tendenzen handelt, die bloß Ausdruck eines vorübergehenden Problems, wie etwa einer noch nicht abgeschlossenen Adoleszenz sind, so müssen sie wenigstens drei Jahre vor der Diakonenweihe eindeutig überwunden sein.«

Die wenigen Beispiele mögen genügen. Klar wird: Wenn auch nach 1986 homosexuellen Menschen mit Mitleid, Achtung und Taktgefühl zu begegnen ist, für das sich diese Menschen wie mein jüngster Bruder und sein Mann[13] nun wirklich nichts kaufen können, verurteilt die katholische Kirche zwar nicht mehr die homosexuelle Identität, weil sie ähnlich wie bei Galileo Galilei mit deutlicher Verzögerung human- wie naturwissenschaftliche Erkenntnisse akzeptiert, wohl aber die gelebte Homosexualität. Sie erwartet von homosexuellen Menschen, dass sie das »Schicksal« ihrer sexuellen Identität demütig annehmen, aber nicht leben. Junge Männer, die Priester werden wollen und schwul sind, müssen ihre sexuelle Identität leugnen und verbergen, nur um ihr geistliches Ziel zu erreichen, zur Priesterweihe zugelassen zu werden. Wie sich diese umfassende Tabuisierung in sexualisierter Gewalt entlädt, wird später noch zu diskutieren sein. Gerade das Thema der Homosexualität und ihre strikte Ablehnung durch die katholische Kirche brachte zwischen 1983 und 2022 viele kirchliche Beschäftigte in eine beängstigende Situation. Während die Gesellschaft langsam, aber doch erkennbar die Bereitschaft entwickelte, gleichgeschlechtliche Paare und ihre Liebe zu akzeptieren, die im August 2001 zunächst

mit der eingetragenen Lebenspartnerschaft eine verbindliche
Rechtsform fand, bis 2017 die gleichgeschlechtliche Ehe für
alle möglich wurde, beharrte das katholische Arbeitsrecht
aufgrund der lehramtlichen Position auf seiner Ablehnung.
Am 24. Juni 2002 reagierten die deutschen Bischöfe mit einer
Erklärung des Ständigen Rates der Deutschen Bischofskonferenz zur Unvereinbarkeit von Lebenspartnerschaften nach
dem Lebenspartnerschaftsgesetz mit den Loyalitätsobliegenheiten der Grundordnung.[14] Sollten kirchliche Beschäftigte
eine eingetragene Lebenspartnerschaft und später ab 2017
eine gleichgeschlechtliche Ehe eingehen, drohten ihnen die
deutschen Bischöfe mit der Kündigung, da aus ihrer Sicht ein
solcher zivilrechtlicher Schritt einen schweren Loyalitätsverstoß gegen die seit 1993 geltende Grundordnung darstellte.
Viele kirchliche Beschäftigte gerieten damit in einen gewaltigen Gewissenskonflikt. Wollten sie ihre Liebe rechtlich verbindlich nach deutschem Recht leben, drohte ihnen der Verlust des Arbeitsplatzes. Vor allem Religionslehrer:innen und
Seelsorger:innen mussten wegen ihrer besonderen Nähe zum
Verkündigungsauftrag um ihren Arbeitsplatz fürchten und
konnten ihre Partnerschaften nur klandestin in der ständigen
Sorge um Denunziation leben. Ich beschreibe diesen Themenkomplex so ausführlich, weil er exemplarisch und anschaulich
illustriert, wie die deutschen Bischöfe bis Ende 2022 viele ihrer Mitarbeitenden in tiefe seelische und existenzielle Nöte
getrieben haben, wenn sie in homosexuellen Partnerschaften, aber auch nach einer Scheidung in nichtehelichen hetero-
sexuellen Partnerschaften gelebt haben. Weil das Damokles-
schwert der Kündigung über ihren Köpfen schwebte, mussten
sie in einer aufgezwungenen Doppelmoral ihr Privatleben vor
den Blicken ihrer katholischen Arbeitgeber verbergen. Dieses
menschenverachtende System geschah vor den Augen einer

Politik, die es hinnahm, dass basale Grundrechte ihrer Bürger:innen wie Art. 2 GG (freie Entfaltung der Persönlichkeit), Art. 3 GG (Schutz der geschlechtlichen Identität), Art. 6 GG (Recht auf Ehe und Familie) vom katholischen Arbeitsrecht und seinen Bischöfen mit ihren allgewaltigen Behörden mit Füßen getreten wurden.

Ohne den Druck durch staatliche Gerichte wären die Kirchen, besonders die katholische, bis heute wohl nicht bereit gewesen, ihr Arbeitsrecht zu ändern. Die Politik hat bis vor Kurzem geschwiegen und wollte sich nicht mit den Kirchen anlegen. Bei der Ausarbeitung der nun in Kraft gesetzten Grundordnung war die katholische Kirche nicht mehr Herrin des Verfahrens, sondern Getriebene gerichtlicher Entscheidungen deutscher und europäischer Gerichte.

An den letzten Beratungen zur Grundordnung des kirchlichen Dienstes, die am 22. September 1993 verabschiedet wurde, habe ich als leitender Kirchenrechtler der bischöflichen Behörde in Limburg teilgenommen. Sie waren einerseits durch die Vorgaben der staatlichen Rechtsprechung, andererseits durch die ostdeutschen Diözesen geprägt, deren Bischöfe deutlich machten, dass es nur sehr schwer gelingen werde, alle Arbeitsplätze in ihren Einrichtungen mit christlichen, also getauften Bewerber:innen zu besetzen, geschweige denn ausschließlich mit katholischen Beschäftigten. Trotzdem glaubte die alte Garde der bischöflichen Justitiare, geprägt vom westlichen Mehrheitskatholizismus, die arbeitsrechtlichen Anforderungen an die persönliche Lebensführung noch verschärfen zu können. Im Ergebnis wurde zwar nun nach der konfessionellen und nicht nach der christlichen Herkunft der Mitarbeiter:innen unterschieden, aber die Wiederverheiratung nach erster Ehe, kirchenfeindliches Verhalten, Kirchenaustritt und – ab 2002 – das Eingehen einer eingetragenen Lebenspartnerschaft wurden als Kündigungsgründe bei Mitarbeiter:innen in leitenden Funktionen oder mit besonderer Nähe zum Verkündigungsauftrag festgeschrieben. Wer in einer katholischen Einrichtung arbeitete, sollte also glaubwürdig ein katholisches Profil zeigen, als könne eine engagierte, geschiedene und wiederverheiratete Kindergärtnerin das ganze katholische System zum Einsturz bringen. Bis zur nächsten Novellierung im Jahr 2015 wurde einerseits kirchlichen Beschäftigten wegen Verfehlungen in der persönlichen Lebensführung gekündigt oder Aufhebungsverträge angeboten, andererseits aber auch aus Sorge, qualifizierte Mitarbeiter:innen zu verlieren, auf die Überprüfung der Lebenssituation verzichtet. Man kann dieses Verhalten für typisch katholisch halten: Die Kirche trägt hehre moralische Ansprüche vor sich her, um dann im Alltag alle Augen zuzudrücken. Arbeitsrechtlich war diese Strategie fatal, denn niemals konnten sich die geduldeten katholischen Mitarbeitenden sicher sein, ob sie nicht doch wegen ihrer persönlichen Lebenssituation Ärger bekommen würden, wenn es im beruflichen Alltag Probleme gab. Außerdem förderte diese Praxis eine rechtlich inakzeptable Ungleichbehandlung. Während man der wiederverheirateten katholischen Erzieherin mit marianischer Frömmigkeitsneigung gnädig die Weiterbeschäftigung ermöglichte und sie dabei natürlich dennoch immerzu subtil spüren ließ, wie dankbar sie für diese kirchliche Huld sein müsse, konnte in der gleichen Einrichtung der lesbischen Erzieherin, die mit ihrer Freundin eine eingetragene Lebenspartnerschaft einging, fristlos gekündigt werden, weil sie sich vorher kritisch mit den religionspädagogischen katholischen Standards auseinandergesetzt hatte.

Arbeitsrechtlich fällt ein solches Verhalten unter das Willkürverbot. Beim Düsseldorfer Chefarzt erlitt das katholische Krankenhaus mit dieser Ungleichbehandlung denn auch vor

Gericht kompletten Schiffbruch. Das Urteil sorgte dafür, dass die Grundordnung liberalisiert wurde. Die katholische Kirche gewann zu dieser Zeit so gut wie keinen Kündigungsschutzprozess mehr und musste hilflos mitansehen, dass ihre Grundordnung nicht mehr das Papier wert war, auf dem sie gedruckt war. Die wenigen Korrekturen bezogen sich auf die Übernahme der Urteile des Bundesverfassungsgerichtes und des Bundesarbeitsgerichtes, in denen noch genauer zwischen katholischen und nichtkatholischen Mitarbeitenden unterschieden wurde und gängige Kriterien bei Kündigungsschutzklagen wie Dauer der Beschäftigung, Alter, familiäre Situation und Chancen auf dem säkularen Arbeitsmarkt nach Beendigung des Arbeitsverhältnisses stärker berücksichtigt wurden. Am grundlegenden Ansatz, den Mitarbeitenden im kirchlichen Dienst auch durch ihre Art des Privatlebens die Last der Glaubwürdigkeit für das katholische Profil der Einrichtung aufzuerlegen und weniger von der Institution, das heißt der Einrichtung her zu denken, änderten die Bischöfe nichts, verabredeten aber eine Evaluation nach fünf Jahren Erfahrungen mit der neuen Grundordnung. Weiterhin konnte Mitarbeitenden bis zum 31. Dezember 2022 wegen gleichgeschlechtlicher Verpartnerungen gekündigt werden, und ultramontane Bischöfe wie Gregor Maria Hanke in Eichstätt oder Stefan Oster in Passau machten davon durchaus Gebrauch. Ich markiere das Datum so genau, weil bereits 2022 eine bischöfliche Arbeitsgruppe beauftragt wurde, an einer neuen Grundordnung zu arbeiten. Der Druck der Gerichte und der Gesellschaft, den diskriminierenden arbeitsrechtlichen Eingriffen in das Privatleben kirchlicher Mitarbeiter:innen endlich ein Ende zu machen, war einfach zu groß geworden. Zudem forderten die Delegierten des Synodalen Weges als Reaktion auf die in der Missbrauchsstudie (MHG-Studie) 2018 erkannten systemischen Ursachen für sexualisierte Gewalt in der katholischen Kirche, alle Bestimmungen der Grundordnung, die sich gegen bestimmte sexuelle Identitäten und die geschlechtliche Vielfalt von Menschen richten, ersatzlos zu streichen.

Und doch brauchte es am Ende einen öffentlich breit wahrgenommenen Anstoß durch die Graswurzelbewegung #OutInChurch, in der sich homosexuelle, nonbinäre Mitarbeiter:innen zusammenschlossen, um zusammen mit dem Dokumentarfilmer Hajo Seppelt einen Film über ihr Schicksal als Mitarbeiter:innen der katholischen Kirche zu drehen, der inzwischen nicht nur den Katholischen, sondern auch den Deutschen Fernsehpreis 2022 erhalten und viele Menschen zutiefst emotional berührt hat. Der Film lief unter dem Titel »Wie Gott uns schuf« am 25. Januar 2022 zur Primetime in der ARD. Auf bewegende Weise schilderten Frauen und Männer, wie sie unter dem Druck des katholischen Arbeitsrechts und der dahinterstehenden Lehre ihre geschlechtliche und sexuelle Identität und ihre Partnerschaften im Geheimen leben mussten, immer in der Angst, entdeckt und bestraft zu werden. Die Kirche hat diesen Menschen schweres Unrecht angetan und ihnen erhebliche seelische Verletzungen zugefügt. Die deutschen Bischöfe und ihre bürokratischen Apparate verfielen augenblicklich in Schockstarre, um dann plötzlich befremdliches Pinkwashing zu betreiben. Der Generalvikar (der Verwaltungschef; TS) einer großen Erzdiözese ließ verlauten, dass sein Erzbistum alle Diskriminierungen aktiv beseitigen wolle und Menschen gleich welcher geschlechtlichen Orientierung und sexuellen Identität auch im kirchlichen Dienst herzlich willkommen heiße. Nur hatte genau dieser Mann Gottes nur wenige Tage vorher Priestern seines Bistums ein Monitum, also eine dienstrechtliche Ermahnung, erteilt, weil sie es gewagt hatten, gleichgeschlechtlichen Paaren den Segen der Kirche zu erteilen, wohlgemerkt nicht eine kirchliche Ehe zu schließen. Diese heuchlerische und opportunistische Doppelmoral ist für viele katholischen Christ:innen genau der Grund, ihrer Kirche den Rücken zu kehren. Wenige Tage nach Ausstrahlung des Films übertrumpften sich Bischöfe und Generalvikare in ihrer Begeisterung für sexuelle und geschlechtliche Vielfalt in der katholischen Kirche. Niemand müsse mehr wegen seiner von der katholischen Norm abweichenden sexuellen Präferenz um seinen Job fürchten. Die diskriminierenden Paragrafen des katholischen Arbeitsrechts, aber auch die Voraussetzungen für die Erlaubnis, katholische Religionslehre zu unterrichten (die sogenannte Missio), würden nicht mehr angewandt und man arbeite mit Hochdruck an einem neuen Regelwerk. In für katholische Verhältnisse atemberaubender Geschwindigkeit legte die Arbeitsgruppe der deutschen Bischöfe einen radikal neuen Text der Grundordnung vor, der außerdem öffentlich zur Diskussion gestellt wurde. So viel Transparenz und Partizipation waren bis dato schlichtweg undenkbar gewesen in der katholischen Kirche. Am 22. November 2022 verabschiedete der Ständige Rat der Deutschen Bischofskonferenz, der nur aus den amtierenden Diözesanbischöfen besteht, die neue Grundordnung, die nun 2023 in Kraft gesetzt wurde.

Doch vor dem arbeitsrechtlichen Happy End ereignete sich noch ein unerwartetes Drama. Auf dem bereits angesprochenen Synodalen Weg, einem rechtlich unverbindlichen, in der Sache aber gehaltvollen Gesprächsformat von Bischöfen und Laien über die systemischen Ursachen für sexualisierte Gewalt in der katholischen Kirche, sollte auf der vierten Vollversammlung im September 2022 der Grundlagentext zu einer radikalen Änderung der katholischen Sexualmoral verabschiedet werden. Die entsprechenden Zweidrittelmehrheiten aller Delegierten, aber auch der Frauen und Bischöfe als Sondergruppen unter den Delegierten, galten als sicher. Doch die kleine, aber wirkmächtige Gruppe der schweigsamen, dafür umso intriganteren Bischöfe votierte mit Nein, sodass die Zweidrittelmehrheit der Bischöfe nicht zustande kam. Damit war dieser Text, der unter anderem die gleichgeschlechtliche Liebe in verbindlichen Partnerschaften und die sexuelle Identität und geschlechtliche Orientierung in ihrer Vielfalt außerhalb eines nur naturrechtlich binär konnotierten Mann-Frau-Denkens überwindet und als Ganzes positiv hervorhebt, abgelehnt. Nur mit größter Mühe gelang es dem Präsidium des Synodalen Weges, die Delegierten zur Weiterarbeit zu bewegen. Man könnte diesen Rückschlag als Management- oder Kommunikationsfehler abtun, für den sich bis auf den zusammengeschrumpften Rest der engagierten Katholik:innen niemand wirklich interessiert. Doch arbeitsrechtlich kommt es in der neuen Grundordnung nun zu einer bizarren Situation. Während die veränderte Sexualmoral auf dem Synodalen Weg unter den deutschen Bischöfen nicht die notwendige Mehrheit findet, preisen alle 27 Diözesanbischöfe plötzlich ab dem 1. Januar 2023 die von der neuen Grundordnung garantierte sexuelle Vielfalt in kirchlichen Einrichtungen als eine Bereicherung für die Kirche. »Alle Mitarbeitenden können unabhängig von ihren konkreten Aufgaben, ihrer Herkunft, ihrer Religion, ihres Alters, ihrer Behinderung, ihres Geschlechts, ihrer sexuellen Identität und ihrer Lebensform Repräsentantinnen und Repräsentanten der unbedingten Liebe Gottes und damit einer den Menschen dienenden Kirche sein. Vorausgesetzt werden eine positive Grundhaltung und Offenheit gegenüber der Botschaft des Evangeliums und die Bereitschaft, den christlichen Charakter der Einrichtung zu achten und dazu beizutragen, ihn im eigenen Aufgabenfeld zur Geltung zu bringen.«[15] Dieser hymnische Lobpreis auf sexuelle und geschlechtliche Diversität passt nicht zur geltenden Lehre der katholischen Kirche im bereits genannten Katechismus und auch nicht zur bischöflichen Ablehnung des Grundlagentextes zur Sexualmoral, der genau dies zum Thema gemacht und mit guten theologischen Gründen unterfüttert hatte. Juristisch geschulten Augen fällt bei dieser Passage aus der neuen Grundordnung sofort auf, dass dort eins zu eins Formulierungen aus dem deutschen Allgemeinen Gleichbehandlungsgesetz übernommen wurden, um ganz sicherzugehen, dass dieses kirchliche Recht zukünftig auch bei arbeitsrechtlichen Streitfällen vor staatlichen Instanzen und Gerichten Bestand haben wird.

Offenbar ist den deutschen Bischöfen von ihren juristischen Fachberatern unmissverständlich klargemacht worden, dass sie bei einer grundlegenden Neufassung der Grundordnung die rechtsstaatlichen Standards zur Abwehr von Diskriminierung am Arbeitsplatz in ihr eigenes Recht übernehmen müssen. Selbst die sattsam bekannten Bischöfe der katholischen Betonfraktion, die noch 2015 von Selbstsäkularisierung und Verrat an dem christlichen Profil katholischer Einrichtungen gefaselt hatten, stimmten nun wie reuige Sünder das Lied von der pluralen Diversität, die Gottes vielgestaltige Schöpfung abbilde, an. Römischen Prälaten wie dem der deutschen Kirche gegenüber sehr kritisch eingestellten deutschen Salesianerpater und Kirchenrechtler Markus Graulich stößt dieser radikale Tapetenwechsel im katholischen Arbeitsrecht allerdings unangenehm auf. Als Untersekretär des Päpstlichen Rates für Gesetzestexte, wenn man so will eine Art katholisches Bundesverfassungsgericht, kanzelt er die neue Grundordnung als nichtkatholisch ab. Der Pater, dessen Ordensgründer Don Bosco noch eine lebensbejahende Zuwendung zu den jungen Menschen seiner Zeit prägte, gibt polternd zu Protokoll:

»Der Kernbereich privater Lebensgestaltung, insbesondere Beziehungsleben und Intimsphäre, bleibt rechtlicher Bewertung entzogen. Wie soll aber ein Dienstgeber den kirchlichen Charakter einer Einrichtung stärken und schützen, wenn die Mitarbeiter in ihrer persönlichen Lebensführung der kirchlichen Lehre widersprechen? Wie soll jemand glaubwürdig die kirchliche Lehre verkünden, wenn sie für sein Leben keine Rolle spielt?«[16] In diesen Äußerungen wird das alte Denken, das lange Zeit auch das katholische Arbeitsrecht geprägt hat, sichtbar. Die Denke des zölibatären Prälaten kreist neurotisch fixiert um die Betten und Herzen der Mitarbeitenden in katholischen Einrichtungen, in denen allein die katholische Hochmoral über Gedeih und Verderben des katholischen Charakters einer Einrichtung, die die katholische Kirche trägt, entscheidet. Änderung der Lehre ist für ihn undenkbar, bunte und schattierte Töne arbeitsrechtlicher Gesetzgebung sind für ihn nicht vorstellbar. Hier werden intellektuelle und dogmatische Grenzen im römischen Denken sichtbar, das nur überzeitlich unveränderbare Wahrheiten zu kennen scheint.

Und die Reaktion der Berliner Politik? Der Antidiskriminierungsbeauftragten der Bundesregierung Ferda Ataman gehen diese Maßnahmen noch nicht weit genug. Sie will auch für den Fall, dass eine Mitarbeiterin aus der Kirche austritt, keine arbeitsrechtlichen Sanktionen akzeptieren. Zudem müsse im Allgemeinen Gleichbehandlungsgesetz (AGG) die kirchenfreundliche Passage in § 9 gestrichen werden und an das europäische Recht und die Rechtsprechung der jüngsten Zeit angepasst werden. 2006 war es den beiden kirchlichen Büros in Berlin im Zuge des Gesetzgebungsverfahrens gelungen, eine vom europäischen Recht abweichende Variante mit Bezugnahme auf eine Passage in einem älteren Urteil des Bundesverfassungsgerichtes im Gesetz unterzubringen. Der monierte § 9 Abs. 1 gesteht Religionsgemeinschaften zu, nach ihrem eigenen Glaubensverständnis darüber zu entscheiden, wann eine Ungleichbehandlung von Bewerber:innen oder Beschäftigten in ihren Einrichtungen eine Diskriminierung darstellt. Ataman und mit ihr die europäischen Gerichte werden aber nicht müde festzustellen, dass besondere Anforderungen an die Religionszugehörigkeit oder an die Lebensweise von Mitarbeitenden zukünftig nur noch im engsten Verkündungsbereich zulässig sind. So steht es auch im Koalitionsvertrag. Fraglich bleibt aber auch hier, wie weit man den Kreis der kirchlich Beschäftigten zieht, die im engen Verkündigungsbereich arbeiten. Klar: Seelsorger:innen, Lehrkräfte in Religion und Theologie, aber was ist mit Kirchenmusiker:innen wie dem bereits angesprochenen Essener Organisten Schüth, die nach Auffassung des heiligen Augustinus die einzig wahre Verkündigung im musikalischen Lobpreis Gottes praktizieren und von daher überaus zu schätzen seien? Wem steht es zu, über »enge Verkündigungsnähe« zu entscheiden? Kann dies der weltanschaulich neutrale und religiös blinde Staat, oder muss dies nicht Sache der einzelnen Religionsgemeinschaften bleiben? Niemand wird sich ernsthaft einen aufgeklärten Staatsjosefinismus wie in der österreichischen Monarchie wünschen, bei dem die Kaiserin Theresia und ihr Sohn Joseph II. der katholischen Kirche vorschrieben, wie lang die Kerzen am Altar zu sein hatten und welche Ordensgemeinschaften wegen ihres aktiven sozialen Einsatzes zu tolerieren waren und welche wegen ihres kontemplativen Charakters kein Existenzrecht in diesem Land der Berge hatten.

In der neuen Grundordnung sind, um das Bild abzurunden, sämtliche Loyalitätsobliegenheiten und deren Sanktionierung weitgehend gestrichen worden. »Der Kernbereich privater Lebensgestaltung, insbesondere Beziehungsleben und Intimsphäre, bleibt rechtlichen Bewertungen entzogen« (Art. 7 Abs. 2 Grundordnung 2023). Kündigungsgründe können nur noch signifikantes kirchenfeindliches Verhalten, wozu auch rassistische Äußerungen gezählt werden, sein wie auch der Kirchenaustritt aus der katholischen Kirche, es sei denn, dieser Austritt erfolgt als Folge einer Traumatisierung durch sexuellen Missbrauch in der katholischen Kirche. Damit wird im Sinne eines echten Systemwechsels die Verantwortung für den christlichen Charakter einer katholischen Einrichtung nicht mehr auf die Schultern der Mitarbeitenden abgewälzt, sondern im Sinne eines institutionellen Ansatzes dem Träger der Einrichtung aufgetragen. Er hat durch die Auswahl und die Personalführung dafür zu sorgen, dass unabhängig vom religiösen Bekenntnis alle Mitarbeitenden das christliche Profil mittragen und in ihre Arbeit einfließen lassen. Fairerweise muss man diese Änderungen als einen wirklichen Paradigmenwechsel begreifen und zunächst positiv würdigen. Ob dieser Wechsel dazu beitragen wird, katholische Einrichtungen auf dem umkämpften Arbeitsmarkt attraktiver werden zu lassen, wird die nahe Zukunft zeigen, wenn die Babyboomer-Generation in den Ruhestand tritt. Und noch einmal bleibt festzuhalten: Die katholische Kirche agiert hier nicht aus eigener Einsicht, sondern aus der blanken Not als Getriebene der staatlichen Rechtsprechung. Was der Berliner Politik in Rücksichtnahme auf die Kirchen als gewichtige Player in wichtigen gesellschaftsdienlichen Bereichen legislativ nicht gelingen will, schaffen die staatlichen Gerichte. Die Berliner Politik in der Person des Bundesarbeitsministers Heil zumindest scheint mit diesen katholischen Reformbewegungen fürs Erste augenscheinlich zufrieden zu sein. Die Einberufung einer gemeinsamen Arbeitsgruppe von Vertreter:innen seines Ministeriums und kirchlichen Gesandten zur Reform des katholischen

Arbeitsrechts lässt weiter auf sich warten. Ein wenig wirkt es darum wie ein Tiger, der im Koalitionsvertrag zum kirchlichen Arbeitsrecht laut gebrüllt hat, aber nach ein wenig Reformwillen der katholischen Kirche sofort wie eine schnurrende Katze den harmonischen Schulterschluss mit den Kirchen sucht. Alles also wie gehabt.

Sexualisierte Gewalt

Wohl kein Thema hat in der jüngsten Zeit die Kirchen in eine so tiefe Vertrauenskrise gestürzt wie die Aufdeckung sexualisierter Gewalt in ihren Einrichtungen und Gemeinden. Als Klaus Mertes, Jesuit und Leiter des in Berlin einst hoch angesehenen Canisiuskollegs, 2010 den langjährigen sexuellen Missbrauch mehrerer Jesuiten an seinem Berliner Vorzeigegymnasium öffentlich machte, war nicht nur die kirchliche Öffentlichkeit schockiert. Unzählige Betroffene meldeten sich zu Wort, die durch Priester, Diakone, pastorale Mitarbeiter:innen, Erzieher:innen, Ordensschwestern und -brüder durch sexuelle Gewalt oder perfide geistliche Strategien an Leib und Seele Schaden erlitten hatten, und forderten nun Aufarbeitung und Entschädigung. Auch die evangelische Kirche, die lange Zeit noch hoffte, unter dem Radar der öffentlichen Empörung über die katholische Schwesterkirche davonzukommen, muss inzwischen eingestehen, dass auch in der Welt des evangelischen Pfarrhausidylls in Gemeinden und Einrichtungen tausendfacher Missbrauch geschah, obwohl dort das Zölibat und eine rigide Sexualmoral katholischer Prägung als Risikofaktoren keine Rolle spielen. Fielen in der katholischen Kirche vor allem männliche Messdiener sexualisierter Gewalt zum Opfer, waren in der evangelischen Kirche immer wieder Konfirmandinnen sexuellen Nachstellungen ausgesetzt, manchmal wohl auch die eigenen Kinder in evangelischen Pfarrhäusern. Und wie reagieren Öffentlichkeit und Politik? Natürlich empört und entsetzt darüber, wie es im geschützten Raum der

Kirchen, die ein so hohes christliches Ethos, gespeist aus dem Evangelium von der Gottes- und Nächstenliebe, vor sich hertragen, zu solchen Übergriffen auf Kinder und Jugendliche kommen konnte, deren Eltern sie vertrauensvoll in ihre Schulen, Kindergärten und Kirchengemeinden geschickt hatten.

Diese Empörung muss die Kirche aushalten, denn ihre moralische Fallhöhe ist einfach eine ganz andere als bei säkularen Institutionen, wo Kinder sexuelle Gewalt erfahren. Die beliebte Strategie kirchlicher Funktionäre, aber auch wohlmeinender Katholik:innen aus den konservativen wie reformorientierten Lagern, das ausschließliche Kritisieren der katholischen Kirche bei diesem Thema sei unfair, weil in Schulen, Sportvereinen und am Haupttatort in den Familien weitaus mehr Fälle sexualisierter Gewalt zu beklagen seien, verfängt erst einmal nicht. Erst wenn die Kirchen, und vor allem die katholische Kirche, restlos und ohne jede Rücksichtnahme auf noch lebende Täter:innen und Vertuscher:innen in ihren Reihen dieses himmelschreiende Unrecht aufarbeiten, können sie als Gesprächspartner wieder ernst genommen werden. Die jüngste von der Bundeszentrale für gesundheitliche Aufklärung veröffentlichte Kriminalstatistik für das Jahr 2020 erfasst 14556 Fälle von sexuellem Missbrauch an Kindern. Angesichts solcher Zahlen ist es noch weniger nachvollziehbar, dass Verantwortungsträger beider Kirchen annehmen, in ihren Reihen würde es solche Verbrechen nur in bedauerlichen Einzelfällen geben.

Und doch irritiert die Doppelbödigkeit der Kritik aus politischen Kreisen an den Kirchen. Bis heute ist nicht wirklich zu erkennen, dass sie dem sexuellen Missbrauch von Kindern und Jugendlichen jene politische und gesellschaftliche Aufmerksamkeit schenken, die in der Sache dringend geboten wäre. Wer mit Überlebenden sexualisierter Gewalt in Kindheit und Jugend spricht und erfährt, wie diese Erfahrungen ihre körperliche und psychische Gesundheit bis heute schwer beeinträchtigen, sie jeden Tag aufs Neue zwingen, zu überleben, der kann nicht verstehen, dass die Politik dieses Unrecht kaum wahrnimmt und anpackt. Augenscheinlich eignet sich das Schicksal dieser Hunderttausenden von Betroffenen nicht als Thema, mit dem man sich gegenüber der politischen Konkurrenz profilieren könnte. Erst langsam reagiert die aktuelle Politik, wenn etwa die amtierende Innenministerin Nancy Faeser (SPD) den Deutschen Schwimmverband ultimativ auffordert, nach diversen Missbrauchsskandalen vor allem am Olympiastützpunkt in Würzburg geeignete Konzepte zur Prävention und Intervention sowie zur Aufarbeitung der zahlreichen Fälle von sexualisierter Gewalt vor allem gegenüber jungen Frauen zeitnah zu realisieren, ansonsten müssten die bisher jährlich bereitgestellten Steuermittel an den Schwimmverband kritisch überprüft werden. Natürlich kann die Politik auf die Unabhängige Beauftragte für Fragen des sexuellen Kindesmissbrauchs (UBSKM)[1] beim Ministerium für Familie, Senioren, Frauen und Jugend hinweisen: Kerstin Claus, selbst Opfer sexuellen Missbrauchs in der evangelischen Kirche, ist eine politisch klug agierende Frau. Im Unterschied zu anderen Beauftragten, wie zum Beispiel der Wehrbeauftragten des Deutschen Bundestages, fehlt ihr allerdings das Recht, den Bundestag regelmäßig über ihre Arbeit zu unterrichten. Dem Vernehmen nach arbeitet das zuständige Ministerium an einem Gesetz, das die gesetzliche Stellung der Unabhängigen Beauftragten stärken soll. Bis ein solches in Kraft ist, muss sie durch die Medien und durch gemeinsame Aktivitäten mit dem Betroffenenbeirat Aufmerksamkeit wecken.

Neben der UBSKM muss man im Deutschen Bundestag, aber auch in den Landesparlamenten schon mit der Lupe nach

Fachpolitiker:innen aller Parteien suchen, die sich ernsthaft und in der Sache kundig mit dem Thema der sexualisierten Gewalt an Kindern und Jugendlichen beschäftigen. Im Bayerischen Landtag engagiert sich die aus der katholischen Jugendarbeit kommende Susanne Kurz als Abgeordnete von Bündnis 90/Die Grünen, im Bundestag ihre Parteikollegin Corinna Rüffer aus Trier für dieses Thema. Dort zeigt auch der religionspolitische Sprecher der SPD, Lars Castellucci, offenkundiges Interesse und offeriert eigene Vorschläge zur Verbesserung der Aufarbeitung, die eine Kultur der Aufmerksamkeit auf breiter gesellschaftlicher Ebene zum Ziel hat. Castellucci zählt aber auch zu den wenigen, die den Kirchen offen damit drohen, die Standards für Aufarbeitung und Entschädigung der Opfer auf gesetzlicher Grundlage einseitig durch den Deutschen Bundestag festzulegen, sollten sie sich nicht endlich zu einheitlichen Standards bei der Aufarbeitung sexualisierter Gewalt in den Bistümern und Landeskirchen durchringen. Andererseits steht er der gesetzlichen Verankerung von unabhängigen Wahrheitskommissionen, die auf allen gesellschaftlichen Sektoren (etwa Sportvereine, Schulen und Kirchen) sexualisierte Gewalt aufarbeiten könnten, eher zurückhaltend gegenüber: »Für eine Wahrheitskommission bräuchten wir in Deutschland einen unglaublichen Anlauf. Das müsste eine völlig neue Einrichtung sein, mit ganz eigenen Befugnissen, auch was das Recht angeht, Akten zu erlangen, Untersuchungen vorzunehmen, eigene Zeugen zu hören und so weiter. Wir haben so etwas in unserer Rechtsordnung nicht – und es wäre eine jahrelange Aufgabe, eine solche Kommission aus dem Nichts zu schaffen.«[2] Man könnte nun meinen, gerade die Parteien mit dem C im Namen würden sich des Themas Missbrauch und Kirchen annehmen. Und natürlich äußern Friedrich Merz und Markus Söder routiniertes Entsetzen, wenn wieder einmal neue Fälle des sexuellen Missbrauchs im Umfeld der Kirchen ans Tageslicht kommen, politisches Interesse jedoch zeigen sie nicht. Sosehr auch zwischen den beiden C-Parteien und den Kirchen ein schleichender Entfremdungsprozess im Gang ist, so wenig wollen es sich die Ministerpräsidenten der Union mit den Kirchen verscherzen, weil sie – siehe oben – auf deren Engagement essenziell angewiesen sind. Es war also eine große Überraschung, dass der bayerische Justizminister Georg Eisenreich von der CSU Ende 2022 nach Gesprächen mit Betroffenenbeiräten der katholischen Bistümer in Bayern in seiner Antwort auf eine parlamentarische Anfrage der Landtagsfraktion von Bündnis 90/Die Grünen die katholische Kirche scharf für die in seinen Augen mangelhafte Aufarbeitung kritisierte. Die katholische Kirche gehe mit Betroffenen bis heute nicht sachgerecht um, sei zu wenig empathisch, er befürworte daher eine unabhängige Ombudsstelle für Betroffene, außerdem höhere Anerkennungsleistungen über 50 000 Euro hinaus und ließ auch dezent Verständnis anklingen für die Kritik an den Strafverfolgungsbehörden bei Fällen von sexuellem Missbrauch im Raum der Kirchen in der jüngeren Vergangenheit.[3] Inzwischen hat seine Kollegin, die bayerische Sozialministerin Ulrike Scharf von der CSU, nach langem Zögern doch der Einrichtung einer zentralen staatlichen Anlaufstelle für Betroffene sexualisierter Gewalt im Raum der Kirchen zugestimmt.[4]

Interessant war die Reaktion des Münchener Kardinals Reinhard Marx auf die Aussagen des Justizministers. Er, der nicht nur in dieser Funktion, sondern schon als Bischof von Trier in den frühen 2000er Jahren schwerwiegende Fehler im Umgang mit Anzeigen gegen Priester, die schwere Sexualstraftaten begangen hatten, gemacht hatte und faktisch als Vertuscher bezeichnet werden könnte, zeigte sich entrüstet über den Justizminister: Er nehme diese Kritik nicht an, man solle ihm eine Institution nennen, die sich in diesem Bereich stärker engagiere als die katholische Kirche.[5] Das klingt wie ein barocker Fürstbischof, der sich unbillige Majestätsbeleidigung einfach nicht gefallen lassen will. Von Demut weit und breit keine Spur. Man sollte also der katholischen Kirche genauer auf die Finger schauen, wie sie nach ihrem eigenen Kirchenrecht lange Zeit mit Missbrauchstätern in ihren eigenen Reihen umgegangen ist. Und auch die Arbeit der staatlichen Strafverfolgungsbehörden wie Staatsanwaltschaft und Kriminalpolizei im Zeitraum 1945 bis heute wirft nicht nur beim amtierenden bayerischen Justizminister berechtigte Fragen auf. Wieder wird, wie schon beim Thema Arbeitsrecht, deutlich, dass zwei unterschiedliche Rechtskreise lange Zeit unverbunden nebeneinander existierten und ihr rechtliches Eigenleben führten: zum faktischen Segen für die beschuldigten zumeist priesterlichen Täter und zum Schaden für die Betroffenen sexualisierter Gewalt. Eine Nachkriegsjustizgeschichte, die nicht anders als ein zum Himmel schreiender Justizskandal bezeichnet werden muss, weil kirchentreue Staatsanwaltschaften und Polizeibehörden die Kirchen in diesen Fällen mit Samthandschuhen angefasst haben und die Opfer ein zweites Mal ins Unglück stürzten. Eine Geschichte, die dringend unabhängig aufgearbeitet werden muss, auch wenn es den amtierenden Justizminister:innen im Bund und in den Ländern nicht behagen mag.

Die fremde Welt des Kirchenrechts
und ihre sonderbaren Normen

Wie gesagt, entsprechend meiner Profession werde ich mich mit der katholischen Kirche, ihrem Kirchenrecht und ihren Versuchen der Aufarbeitung und monetären Anerkennung des Leids ohne Begründung eines Rechtsanspruchs auf Entschädigung befassen. Der ökumenische Respekt verbietet es, auch die evangelische Kirche in den Blick zu nehmen. Sie wird im Herbst 2023 ihre große Missbrauchsstudie vorlegen und dabei mit erschreckend hohen Zahlen von Missbrauch konfrontiert sein. Denn eine Konstante verbindet alle christlichen Kirchen: Dort, wo in seelsorglichen Begegnungen, in denen sich Menschen radikal mit ihren Sorgen, Nöten und seelischen Bedrängnissen einem Seelsorger oder einer Seelsorgerin öffnen, entsteht wie in medizinischen und therapeutischen Kontexten ein Machtgefälle, verbunden mit der Gefahr, dass diese geistliche Macht über Menschen genutzt wird, um einen sexuellen Benefit zu erlangen, nicht selten gerechtfertigt mit der perversen Ausrede, dies alles geschehe im Namen Gottes. Dieser bitteren Erkenntnis müssen sich beide Kirchen unvoreingenommen stellen. Hier spielen konfessionelle Unterschiede keine Rolle.

Die katholische Kirche entwickelte von ihren Anfängen bis heute in ihrem lange Zeit kolportierten Selbstverständnis als *Societas iuridice perfecta*, also als vollkommene, auch rechtlich verfasste Gemeinschaft, ein eigenes Recht. Dieses Recht wird nicht in demokratisch-parlamentarischen Verfahren beraten und beschlossen, sondern allein durch den Papst für die Gesamtkirche und die Diözesanbischöfe für ihre Bistümer in Kraft gesetzt. Die katholische Kirche kennt keine Gewaltenteilung, sondern nur die eine Gewalt in den Händen ihrer

Bischöfe. Dabei wird den Generalvikaren, die Priester sein müssen, vom Bischof die Funktion der Verwaltungsleitung (Exekutive) übertragen, während die Rechtsprechung in der Verantwortung eines priesterlichen Gerichtsvikars (auch Offizial genannt) liegt, der mit seinen Richterinnen und Richtern Recht spricht. Er kann also auch kirchenrechtliche Strafprozesse wegen einer möglichen Sexualstraftat nach Kirchenrecht durchführen, genauso wie ein Kirchenrechtler mit der Voruntersuchung eines Anfangsverdachtes betraut werden kann. Beim Verdacht einer solchen Straftat ist auch der Kirchenanwalt (das Pendant zum Staatsanwalt im staatlichen Recht) einzubeziehen. 1917 wurde durch den Papst zum ersten Mal ein kodifiziertes Gesetzbuch für die ganze Kirche (CIC/1917), der Codex Iuris Canonici, erlassen, der 1983 durch den derzeitigen Kodex abgelöst wurde, den Papst Johannes Paul II. in Kraft setzte. Dieser Kodex ist aufgeteilt in sieben Bücher, von denen das sechste Buch (Strafrecht) und das siebte Buch (Prozessrecht) die einschlägigen Normen für sexualisierte Gewalt und deren prozessuale Ahndung enthalten. Dazu kommen spezielle päpstliche Gesetze aus der Zeit zwischen 2001 und 2023, mit denen die letzten drei Päpste Spezialnormen zum kirchenrechtlichen Umgang mit Anzeigen von sexualisierter Gewalt durch Kleriker und kirchliche Bedienstete über den Kodex hinaus verschärft haben. Ende 2021 kam es zu einer grundlegenden Revision des kanonischen Strafrechts, bei dem Papst Franziskus die Vertuschung von Anzeigen sexualisierter Gewalt durch Bischöfe und Ordensobere wie auch alle anderen Kleriker zu einem eigenen Straftatbestand machte und die Begründung der strafrechtlichen Verfolgung von sexualisierter Gewalt grundlegend veränderte. Seit 2001 ist den Bischöfen durch den Papst die Kompetenz entzogen worden, eigenständig über die rechtliche Behandlung von angezeigten

Sexualstraftaten im Raum der Kirche zu entscheiden. Bischöfe sind seitdem verpflichtet, nach der Anzeige eines möglichen Tatgeschehens eine kirchenrechtliche Voruntersuchung zu veranlassen, deren Ergebnisse mit einem Votum des Bischofs versehen an das Dikasterium für die Glaubenslehre in Rom weitergeleitet werden müssen. Diese wichtige römische Behörde entscheidet mit ihrer Disziplinarabteilung, wie in diesen Fällen weiter kirchenrechtlich zu verfahren ist. An ihre Entscheidung sind die Bischöfe vor Ort gebunden.

Wie konnte es zu dieser Entwicklung kommen? Schon der alte Kodex von 1917 wie ein päpstliches Gesetz aus dem Jahr 1962 verpflichteten die Bischöfe, Anzeigen von möglichen Sexualstraftaten durch Kleriker entschieden nachzugehen. Faktisch geschah das nirgendwo, vielmehr wurden diese angezeigten Verbrechen systematisch durch die Bischöfe vertuscht. Der Schutz der klerikalen Täter und damit der Institution Kirche ging immer vor das furchtbare Schicksal der missbrauchten Kinder und Jugendlichen. Wurde ein Kleriker auffällig, aber nicht durch das staatliche Rechtssystem sanktioniert, verpflichtete man ihn, wenn überhaupt, zu geistlichen Übungen zur Buße und Zügelung der eigenen Sexualität, um ihn nur kurze Zeit später in eine andere Gemeinde zu schicken, wo diese Kleriker weiter Kinder und Jugendliche missbrauchten. Die bisher in den deutschen Diözesen vorgelegten Studien, die meistens den Zeitraum 1945 bis heute durchleuchten, dokumentieren auf erschütternde Weise viele dieser Täterkarrieren, die in den Gemeinden regelrechte Schneisen der Verwüstung schlugen. Allerdings geriet Rom um die Jahrtausendwende unter Zugzwang, diesem unverantwortlichen Treiben der Bischöfe entgegenzutreten. Durch Recherchen des »Boston Globe«, die den beteiligten Journalist:innen den Pulitzerpreis bescherten, wurde aufgedeckt, wie über lange Jahre pädophile

Priester im Bistum Boston ihr Unwesen treiben konnten, ohne dass der für sie zuständige Erzbischof, Bernhard Kardinal Law, dagegen eingeschritten wäre. Im Mittelpunkt stand ein Täter, der in dreißig Jahren 130 Kinder missbraucht hatte. Die Recherchen dieser Zeitung, die ihren cineastischen Niederschlag im oscarprämierten Film »Spotlight« fanden, führten nicht nur zum Rücktritt des Kardinals und signifikanten Entschädigungszahlungen für die Betroffenen, die viele amerikanische Diözesen bis an den Rand der Insolvenz getrieben haben, sondern beim polnischen Papst auch zur Erkenntnis, dass augenscheinlich trotz einer klaren Rechtslage kaum ein Bischof dieses Thema wirklich ernst nahm und auf der Seite der Opfer stand.

Und schon an diesem Punkt entbrennt ein innerkatholischer Meinungsstreit. Was Papst Johannes Paul II. mit seiner bereits angesprochenen rigiden Sexualmoral angeht, darf inzwischen als gesichert feststehen, dass er trotz warnender Hinweise vor allem die Führer neuer geistlicher Gemeinschaften geschützt hat, die Kinder, Jugendliche und Frauen sexuell missbraucht hatten. Der Papst ignorierte ihre Verbrechen, weil diese Männer für sein Programm zur geistlichen Erneuerung der Kirche wichtig waren, unter ihnen etwa Marcial Maciel, der 1941 in Mexiko die Legionäre Christi gründete und Hunderte von Priestern um sich scharte. Ein weiterer päpstlicher Protegé war der Arche-Gründer Jean Vanier, dessen Gemeinschaft berühmt wurde durch ihre Inklusionsprojekte.[6] Inzwischen verdichten sich die Hinweise, dass Karol Wojtyła als Erzbischof von Krakau pädophile priesterliche Täter geduldet und einfach in andere Gemeinden versetzt haben könnte. Mit dem Wissen von heute hätte Benedikt XVI. seinen Vorgänger, den charismatischen polnischen Papst, niemals heiligsprechen dürfen. Das Schicksal der vom Missbrauch für ihr Leben ge-

zeichneten Menschen bedeutete Johannes Paul II. weniger als
das Erstarken papsttreuer geistlicher Gemeinschaften unter
der Führung von Männern, die ihre Anhänger:innen wie Rat-
tenfänger an sich banden und ihre geistliche Gewalt für ver-
brecherische sexuelle Ausbeutung nutzten. Man kann diese
Diskussion über Papst Johannes Paul II. allerdings nicht führen und dabei seinen treuen Diener bei der Bewahrung der
katholischen Orthodoxie, Kardinal Joseph Ratzinger, den spä-
teren Papst Benedikt XVI., außer Acht lassen. Doris Reisinger
und Christoph Röhl haben in einem Buch[7] und einem Film[8]
über Ratzinger die Behauptung zu widerlegen versucht, nur
dem bayerischen Theologen als Präfekten der Glaubenskongregation sei es zu verdanken, dass Papst Johannes Paul II.
2002 das Gesetz zu den sogenannten »Delicta graviora« (den
schwerwiegenden Straftaten) erlassen und die Glaubenskongregation ermächtigt habe, alle Fälle von sexualisierter Gewalt
zu prüfen und entsprechende kirchenrechtliche Weisungen zu
erteilen. Reisinger und Röhl können an konkreten Beispielen
aus den USA, aber auch aus der Gemeinschaft der Legionäre Christi rund um Marciel aufzeigen, dass Joseph Ratzinger
mehr gewusst hat, aber nicht eingeschritten ist, um diesen
Verbrechen die Stirn zu bieten. Aus ihrer Sicht taugt er nicht
als Vorreiter und Promotor einer Nulltoleranzpolitik beim
kirchlichen Umgang mit sexualisierter Gewalt, vielmehr habe
er lange Zeit, auch nach 2002 und während seines von vielen Pannen und Rückschlägen gekennzeichneten Pontifikats
zwischen 2005 und 2013, nur halbherzig und mit unverbind-
lich warmen Worten für Betroffene ohne spürbare Sanktio-
nierungen der Täter agiert. Dem widersprechen entschieden
die Ratzinger-Getreuen wie sein Biograf Peter Seewald oder
auch sein Adlatus Erzbischof Georg Gänswein. Ähnlich kontrovers sind die Einschätzungen seiner kurzen Zeit als Erz-

bischof von München und Freising, für die ihm das viel beachtete Münchener Gutachten[9] in einzelnen Fällen Versäumnisse nachweist. Mit Papst Franziskus verändert die Kirche ihre Haltung: 2023 bestätigt er noch einmal das nach dem Missbrauchsgipfel von 2019 veröffentlichte Motuproprio (wörtlich: aus eigenem Antrieb) »Vox estis lux mundi«[10], das den Kreis der Verantwortlichen erweitert hat, auch die bereits erwähnte Reform des kanonischen Strafrechts vom Dezember 2021 liegt auf dieser Linie.

Ohne in die Tiefen des kanonischen Strafrechts hinabzusteigen, müssen nun einige Unterschiede zwischen dem kanonischen Strafrecht und dem deutschen Sexualstrafrecht erläutert werden, die einer bestimmten katholischen Binnenlogik folgen. Bis zum Dezember 2021 firmierten die möglichen Tathandlungen im Feld von sexualisierter Gewalt durch Kleriker unter dem Oberbegriff »Straftaten gegen besondere Verpflichtungen«. Gemeint war bei Klerikern die Verpflichtung, nach der Weihe zölibatär, also sexuell enthaltsam zu leben. Aus Sicht des kirchlichen Strafrechts war also der sexuelle Missbrauch an Kindern und Jugendlichen nicht deswegen zu ahnden, weil er die körperliche und seelische Integrität dieser Menschen für ein ganzes Leben zerstört, sondern weil ein Gelöbnis im Zusammenhang mit der sakramentalen Weihehandlung nicht eingehalten wird. Die allein Männern zustehende klerikale Macht gilt schließlich als Lohn der sexuellen Enthaltsamkeit. Die Intention der entsprechenden Strafnorm (c. 1395 § 2 CIC/alt) war also gerade nicht die Bestrafung sexueller Gewalt an Kindern und Jugendlichen, sondern der Verletzung einer klerikalen Standespflicht. Und als ob das nicht schon zynisch und befremdlich genug wäre, geriet dann auch noch die strafrechtliche Beschreibung des inkriminierten Sachverhaltes zur Farce. Während im Abschnitt 13 des deutschen Strafgesetzbuches, der mit »Straftaten gegen die sexuelle Selbstbestimmung« überschrieben ist, präzise die verschiedenen Sexualstraftaten von der sexuellen Nötigung über die Vergewaltigung bis hin zum Besitz von kinderpornografischem Material beschrieben (§§ 174 bis 189 k) und damit den anwendenden Richterinnen und Richtern wie auch den ermittelnden Strafverfolgungsbehörden Kriterien an die Hand gegeben werden, mit denen sie arbeiten können, verliert sich das kirchliche Strafrecht genau an diesem entscheidenden Punkt in biblische Lyrik. Es heißt dort bis heute: »Mit der Amtsenthebung und anderen gerechten Strafen, wenn es die Schwere des Falles nahelegt, die Entlassung aus dem Klerikerstand nicht ausgeschlossen, soll ein Kleriker bestraft werden, der eine Straftat gegen das sechste Gebot mit einem Minderjährigen oder einer Person begeht, deren Vernunftgebrauch habituell eingeschränkt ist oder der das Recht einen gleichen Schutz zuerkennt …« (c. 1398 § 1 CIC/1983 neu). Positiv ist immerhin zu vermerken, dass diese Taten seit 2021 nicht mehr unter den Standespflichtverletzungen subsumiert werden, sondern nun unter dem Titel »Straftaten gegen Leben, Würde und Freiheit des Menschen« auftauchen. Damit wird unmissverständlich auch im kirchlichen Strafrecht deutlich, dass sexualisierte Gewalt primär keine Zölibatsverletzung ist, sondern eine Straftat gegen Leben, Würde und Freiheit, was im deutschen Strafrecht weiter, aber doch auch genauer mit Straftaten gegen die sexuelle Selbstbestimmung umschrieben wird. Der kirchliche Gesetzgeber erhebt nun endlich die Würde und das Leben der Opfer zum Schutzgut rechtlicher Normen. Positiv ist ebenfalls, dass nun neben den Minderjährigen auch alle Erwachsenen in kirchlichen Einrichtungen erfasst werden, die aufgrund einer kognitiven Behinderung oder aus anderen Gründen nicht selbst rechtsgeschäftlich handeln können. Aus den Studien zur Vergangenheit in katholischen Heimen und Pflegeeinrichtungen wissen wir inzwischen sehr genau, wie neben Priestern auch Ordensfrauen und Ordensbrüder, denen man diese Menschen anvertraut hatte, in verabscheuungswürdiger Weise sexuelle Gewalt ausgeübt haben. Sie sind nun präzise in die kirchliche Strafnorm aufgenommen. Trotz vielfältiger weltweiter Bemühungen, gerade auch aus dem deutschen Sprachraum und ihren dort prominent vertretenen kirchenrechtlichen Lehrstühle und Institute, endlich die völlig untaugliche Formulierung »Verstoß gegen das sechste Gebot« zu streichen und durch präzise Tatbestandsbeschreibungen wie im deutschen Strafrecht zu ersetzen, blieb es bei dieser überkommenen Formulierung. Wer in die Zehn Gebote schaut, wird schnell feststellen, dass der Verstoß gegen das sechste Gebot Ehebruch meint. Bei sexualisierter Gewalt geht es aber nun gerade nicht um Ehebruch, sondern um brutale Gewalt gegen die sexuelle Selbstbestimmung des Menschen in vielfältigen strafrechtlich relevanten Handlungen, die im weltlichen Strafrecht unterschiedliche Strafen nach sich ziehen. Römische Prälaten wie der bereits genannte Salesianerpater Markus Graulich merken dazu an, dass man zwar die Kritik an der Berufung auf das sechste Gebot durchaus nachvollziehen könne, an dieser weiten Formulierung doch festhalten wolle: zum einen, weil in der Tradition der Kirche der Verstoß gegen das sechste Gebot schon lange alle nur denkbaren Sexualstraftaten umfasse. Leider ist diese Behauptung weder durch die Tradition noch durch rechtliche Handhabbarkeit einer solch absurden Jokerformulierung gedeckt. Ein zweites Argument verweist auf die sehr unterschiedlichen Strafrechtsnormen der zahlreichen Länder der Weltkirche, die man nicht einfach harmonisieren könne. Und beim dritten Argument gibt man ehrlich zu Protokoll, dass man mit dieser weiten Formulierung auch Dinge sanktionieren könne, die bisher noch nicht auf dem Schirm strafrechtlich relevanter Handlungen, vor allem durch Kleriker, seien. Für staatlich-juristische Ohren ist ein solches Argument irrelevant, weil nur Sachverhalte strafrechtlich sanktioniert werden können, zu denen strafrechtliche Normen zum Zeitpunkt des Tatgeschehens existieren und die konkret beschrieben werden können. Außerdem könnte man auch auf die Schlussbestimmung des kanonischen Strafrechts verweisen, die für den Fall einer äußeren Verletzung eines göttlichen oder eines kanonischen Gesetzes, für die es bisher noch kein Strafgesetz gibt, zulässt, dass dennoch eine gerechte Strafe ausgesprochen werden darf. Hier wird also der im staatlichen Strafrecht unbestrittene Grundsatz, dass es keine Strafe ohne Gesetz geben darf, in sein Gegenteil verkehrt. Von daher macht dieses letzte Argument für die sinnfreie Formulierung mit dem sechsten Gebot noch weniger Sinn.

Als seien diese Kuriositäten des katholischen Kirchenrechts nicht schon Grund genug, an ihrer Sinnhaftigkeit und Vermittelbarkeit in einem Rechtsstaat wie Deutschland zu zweifeln, kommen gravierende prozessrechtliche Besonderheiten hinzu, die Betroffene sexualisierter Gewalt regelrecht verzweifeln lassen. Im staatlichen Strafprozessrecht ist es selbstverständlich, dass die von einer möglichen Straftat betroffenen Personen als Nebenkläger:innen im entsprechenden Strafprozess mit ihren Anwält:innen aktiv teilnehmen können. Wie hilfreich die Nebenklage sein kann, konnte man 2022 beim aufsehenerregenden Strafprozess gegen den Kölner Pfarrer Ue. vor dem Kölner Landgericht eindrucksvoll erleben. Dieser Pfarrer wurde zu zwölf Jahren Haft verurteilt, weil er neben anderen Opfern auch seine drei Nichten sexuell schwer missbraucht hatte. Diese Frauen waren mit ihren Anwält:innen im Prozess als Nebenklägerinnen vertreten, konnten umfassend

Einsicht in die Prozessakten nehmen, Anträge stellen wie auch ein konkretes Strafmaß beantragen, hatten also die gleichen Rechte wie die Verteidigung des Angeklagten. Zudem wurde dieser unter seinem Vorsitzenden Christoph Kaufmann vorzüglich geleitete Strafprozess öffentlich geführt – bis auf wenige Ausnahmen, wo zum Schutz der Opfer die Öffentlichkeit bei der Beweiserhebung ausgeschlossen wurde. In diesem mustergültig nach rechtsstaatlichen Standards durchgeführten Strafprozess konnte der Vorsitzende sogar weitere im Gerichtssaal anwesende Opfer, die bisher noch nicht ausgesagt hatten, zur Aussage bewegen.

Entscheidet sich dagegen das Dikasterium für die Glaubenslehre nach einer Voruntersuchung für einen kanonischen Strafprozess gegen einen Kleriker, erfährt die kirchliche Öffentlichkeit davon nichts, obwohl er zumeist dort geführt wird, wo der Angeklagte lebt und arbeitet. Nur Kleriker mit entsprechender Befähigung zum kirchlichen Richteramt dürfen über Kleriker urteilen. Die Opfer werden als Zeug:innen vernommen, haben aber kein Recht, als Nebenkläger:innen aufzutreten, und erfahren auch nicht, ob und, wenn ja, welches Urteil gesprochen wird. So erfuhr die bereits erwähnte Doris Reisinger nichts von dem Prozess gegen den Täter, und wahrscheinlich wüsste sie bis heute nichts von dem Urteil, wenn nicht der Journalist Lucas Wiegelmann durch gezielte Recherchen das Urteil an die Öffentlichkeit gebracht hätte. Im Februar 2023 wurde vor dem Landgericht in Saarbrücken ein Strafverfahren gegen einen Pfarrer aus dem Bistum Trier verhandelt, der männliche Minderjährige sexuell genötigt hat. Inzwischen wurde dieser Pfarrer zu einer Haftstrafe von einem Jahr und acht Monaten und der Zahlung einer Geldstrafe verurteilt. Das Urteil ist noch nicht rechtskräftig, weil der verurteilte Pfarrer über seinen Anwalt Revision beim BGH eingelegt hat. Dieser berühmte Freisener Fall, der wegen der Verstrickung der Bischöfe Reinhard Marx, Georg Bätzing und Stephan Ackermann kirchenpolitische Brisanz aufweist, sah Thomas Weitz als vorgeladenen Zeugen, einen Richter des Kölner Kirchengerichtes, der den zeitgleich zum Saarbrücker Verfahren bereits seit vier Jahren im Verborgenen am Kölner Kirchengericht laufenden Strafprozess gegen diesen Pfarrer leitet. Er bot wie sein langjähriger Kölner Chef beim Kölner Fall des Pfarrers Ue. ein wirklich armseliges Bild. Thomas Weitz versuchte mit dem Hinweis auf das »Heil der Seelen« das staatliche Gericht zu überzeugen, die Öffentlichkeit bei seiner Vernehmung auszuschließen, wofür das Gericht nachvollziehbar kein Verständnis zeigte. Wie sein langjähriger Offizial Assenmacher im Fall Ue. vor dem Kölner Landgericht erklärten ihm die Vorsitzenden der staatlichen Gerichte mehr als deutlich, wie sehr sie bei den innerkirchlichen Strafverfahren versagt, den Prozess unnötig in die Länge gezogen und im Grunde nie die Opfer sexualisierter Gewalt im Blick gehabt hätten. Selbst die Absetzung des Kölner Offizials Günter Assenmacher nach dem Kölner Missbrauchsgutachten und seiner desaströsen Vernehmung als überforderter und zugleich überheblich auftretender Zeuge im Kölner Strafprozess gegen Pfarrer Ue. sorgt nicht dafür, dass er wie Thomas Weitz, Weihbischof Dominikus Schwaderlapp und andere kirchenamtlich überführte Vertuscher von sexualisierter Gewalt weiter Mitglied des Kölner Domkapitels ist und zukünftig einen neuen Erzbischof von Köln wählen darf. Diese Folgenlosigkeit klerikalen Komplettversagens, diese Nichtübernahme von Verantwortung durch freiwilligen Amtsverzicht verärgert nicht nur die innerkirchliche Öffentlichkeit, sondern ist für die Gesellschaft das offenkundige Signal, dass gravierendes dienstliches Versagen in der Kirche für leitende Kleriker auch noch belohnt wird und der weiteren Karriere nicht schadet. Zumindest für die katholische Kirche darf man ein System organisierter klerikaler Verantwortungslosigkeit diagnostizieren, was den Umgang mit sexualisierter Gewalt angeht. Aktuell kann die Freiburger Studie nachweisen, wie die ehemaligen Erzbischöfe Oskar Saier, selbst promovierter Kirchenrechtler, und Robert Zollitsch des Erzbistums Freiburg, der zudem von 2008 bis 2014 Vorsitzender der Deutschen Bischofskonferenz war, systematisch das staatliche und kirchliche Strafrecht ignorierten, Sexualstraftaten der Priester vertuschten, die Täter weiter in der Seelsorge einsetzten, sodass es zu weiteren schweren Sexualstraftaten kommen konnte, den Opfern sexualisierter Gewalt hingegen skrupellos ohne jede Empathie die kalte Schulter zeigten.[11]

Um das Bild kirchenrechtlicher Normen zu vervollständigen, seien auch kurz die seit 2002 einschlägigen, mehrfach überarbeiteten Leitlinien zum Vorgehen bei sexuellem Missbrauch Minderjähriger durch Geistliche im Bereich der Deutschen Bischofskonferenz erwähnt. Die aktuelle Fassung stammt aus dem Jahr 2019 und trägt den Titel »Ordnung für den Umgang mit sexuellem Missbrauch Minderjähriger und schutz- oder hilfebedürftiger Erwachsener durch Kleriker und sonstige Beschäftigte im kirchlichen Dienst«.[12] Schon am aktuellen Titel wird deutlich, dass auch die Deutsche Bischofskonferenz wie die deutschen Bistümer seit 2002 in einem dauernden Lernprozess stehen. Nun werden auch wie in den römischen Normen die schutz- und hilfsbedürftigen Erwachsenen als potenzielle Betroffene wie auch neben den Geistlichen nun auch sonstige Beschäftigte im kirchlichen Dienst als mögliche Täter:innen in den Blick genommen. Dies entspricht den inzwischen in größerer Zahl vorliegenden Studien zur Aufarbeitung sexualisierter Gewalt in den deutschen Bistümern seit 1945 bis heute. Beispielhaft sind die Bistümer München und Freising, Köln, Aachen, Münster, Osnabrück, Paderborn oder auch Limburg zu nennen. Im Frühjahr 2023 folgten Essen, Mainz, Freiburg und Hamburg mit einer regionalen Studie zu Mecklenburg-Vorpommern. Das Bistum Regensburg hat 2019 eine Studie zum sexuellen Missbrauch bei den Regensburger Domspatzen vorgelegt, in der auch der Bruder von Joseph Ratzinger als Domkapellmeister als Verantwortlicher aufscheint. Kleinere Studien wie etwa zum Kloster Ettal aus dem Ordensbereich sind vereinzelt auch zu finden. Manche Diözesen wie Augsburg oder Speyer stehen erst am Anfang ihrer Bemühungen um Aufarbeitung, während zum Beispiel das Bistum Trier diese Aufgabe den überall in den Diözesen errichteten Unabhängigen Kommissionen zur Aufarbeitung von sexuellem Missbrauch aufgetragen hat, über die noch zu sprechen sein wird. Damit gewinnt dieses Bistum Zeit, weil in den sechs Jahren, in denen die Trierer Kommission alle Fälle in diesem besonders von sexuellem Missbrauch gebeutelten Bistum hoffentlich dokumentiert und untersucht haben wird, Bischöfe wie Marx, Ackermann oder Bätzing hoffen dürfen, einigermaßen ungeschoren davonzukommen und wegen ihrer offenkundigen Fehler nicht mehr belangt zu werden. Diese Studien belegen zwar vor allem für den Zeitraum 1950 bis 1980 in der Mehrzahl Kleriker als Beschuldigte, aber je länger die Zeit voranschreitet und die Studien alle Mitarbeitenden in den Blick nehmen, wird deutlich, dass auch nichtklerikale Männer und Frauen in der Pflege, in den Bildungseinrichtungen, aber auch in der Seelsorge als Täter:innen schuldig wurden.

In der gesellschaftlichen Diskussion über die Verstrickungen der katholischen Kirche in sexualisierte Gewalt wird dieses in wenigen Federstrichen skizzierte eigentümliche Kirchenrecht kritisiert, das die katholische Kirche über lange Zeit wie ein Staat im Staat von der staatlichen Strafverfolgung dispensiert hat. Die bereits erwähnten Studien belegen außerdem, dass trotz der ersten Leitlinien von 2002 viele auch zum Teil noch amtierende Diözesanbischöfe wie der inzwischen zurückgetretene Bischof Bode von Osnabrück und der heutige Bischof von Münster, Felix Genn, in seiner Zeit als Bischof von Essen sich nicht an die in diesen Normen verbindlich festlegten Abläufe gehalten haben. Rechnet man noch hinzu, dass die meisten deutschen Bischöfe trotz der päpstlichen Normen von 2001 zumindest bis 2010, zum Teil noch bis zur Veröffentlichung der MHG-Studie im Jahr 2018, sich weder an dieses Recht noch an die eigenen Leitlinien gehalten haben, dann wird neben vielen kritischen Punkten ein zentraler Schwachpunkt kirchlicher Rechtspraxis deutlich, nämlich die weithin fehlende Rechtstreue der bischöflichen Amtsträger und ihrer Kurien im Blick auf ihr selbst gesetztes Recht. So konnte nicht nur der begründete Verdacht in der Öffentlichkeit entstehen, dass die Kirchen aufgrund ihrer ohnehin privilegierten Stellung im deutschen Verfassungsgefüge wie exemte, quasi außerhalb der staatlichen Rechtsordnung frei schwebende Rechtssubjekte agierten, inzwischen muss die interessierte innerkirchliche Öffentlichkeit auch mit Entsetzen zur Kenntnis nehmen, dass ihre Bischöfe ihr eigenes Recht mit Füßen getreten haben, wenn es darum ging, mit einem straffällig gewordenen Kleriker gnädig umzugehen und dabei die Betroffenen sexualisierter Gewalt schlichtweg aus den Augen zu verlieren. Die gleichen Bischöfe konnten aber gnadenlos mit einer knallharten Kündigung das kirchliche Arbeitsrecht durchsetzen, wenn beispielsweise ein kirchlicher Verwaltungsangestellter nach der Scheidung seine zweite Liebe standesamtlich heiratete. Der bereits erwähnte ehemalige Freiburger Erzbischof Robert Zollitsch sanktionierte Priester streng nach den geltenden kirchenrechtlichen Normen, wenn sie mit einer Frau oder einem Mann eine dauerhafte sexuelle Beziehung aufnahmen, wegen Verstoß gegen die Zölibatsverpflichtung. Dann war seine Empörung groß, und er kannte die Sanktionen des kirchlichen Rechts. Missbrauchten Priester Kinder und Jugendliche, führte er mit diesen Priestern mitbrüderlich seelsorgliche Gespräche und scherte sich einen feuchten Kehricht um das staatliche und kirchliche Strafrecht. Diese Art der rechtlichen Ungleichbehandlung und die damit verbundene klerikale Doppelmoral ist das ätzende Gift, das bis heute das Grundvertrauen vieler Gläubigen in die Bischöfe und deren mangelnde Integrität unwiderruflich zerstört hat. Dabei hilft auch keine Unterscheidung zwischen liberalen und augenscheinlich konservativen Bischöfen. Der Reformerbischof Bode aus Osnabrück versagte genauso, wenn er bis kurz vor seiner erzwungenen Demissionierung im März 2023 die sexuellen Kontakte zwischen einem Priester und einer sechzehn Jahre alten Jugendlichen als Liebesbeziehung verharmlost, wie auch der Kölner Kardinal Woelki. Dieser meldete den Fall seines ehemaligen Praktikumspfarrers aus Düsseldorf, der in den 1970er Jahren ein Kindergartenkind vergewaltigt haben soll, angeblich wegen altersbedingter Schwäche und damit verbundener Aussichtslosigkeit einer Voruntersuchung nicht nach Rom, hatte ihn aber zu seiner Kardinalserhebung mit nach Rom eingeladen, an der er auch teilnahm.

Der Vorwurf, die Kirche agiere wie ein Staat im Staat, wird häufig mit der Weigerung der Kirche belegt, den Anfangsverdacht einer möglichen Sexualstraftat durch einen Kleriker an die strafverfolgenden Behörden zu melden. Und in der Tat bestätigen Studien zur katholischen Kirche wie auch schon die wenigen Einzelstudien zur evangelischen Kirche zumindest bis über die Jahrtausendwende hinaus in solchen Fällen eine vornehme Zurückhaltung der Kirchenleitungen. Nicht ohne Grund musste daher nach Aufdeckung dieser Versäumnisse die beliebte evangelische Bischöfin Maria Jepsen 2010 ihren Dienst quittieren, weil sie seit 1999 von sexuellen Übergriffen eines Pastors gegenüber Minderjährigen gewusst hatte, aber nicht dagegen vorgegangen war. Allerdings ist in Deutschland niemand verpflichtet, Behörden über Sexualstraftaten zu informieren, obwohl es sich dabei um Offizialdelikte handelt, bei denen die Strafverfolgungsbehörden Ermittlungen aufnehmen müssen. Dennoch ist in den Leitlinien von 2002 klar geregelt, dass bei einem begründeten Anfangsverdacht unverzüglich Staatsanwaltschaft und Kriminalpolizei einzuschalten sind, es sei denn, die Betroffenen oder die Erziehungsberechtigten von minderjährigen Betroffenen bitten darum, von dieser Benachrichtigung der staatlichen Stellen abzusehen. So lautet die aktuelle Fassung der Ordnung von 2019 in der Nr. 33: »Sobald tatsächliche Anhaltspunkte für den Verdacht einer Straftat nach dem 13. Abschnitt oder weiterer sexualbezogener Straftaten des Strafgesetzbuchs (StGB) an Minderjährigen oder schutz- oder hilfebedürftigen Erwachsenen vorliegen, leitet ein Vertreter des Ordinarius bzw. des kirchlichen Rechtsträgers die Informationen an die staatliche Strafverfolgungsbehörde und, soweit rechtlich geboten, an andere zuständige Behörden, z. B. (Landes-)Jugendamt, Schulaufsicht, weiter. Rechtliche Verpflichtungen anderer kirchlicher Organe bleiben unberührt.« Seit 2020 wird man begründet davon ausgehen dürfen, dass die deutschen Bistümer nach dieser Norm jeden neu auflaufenden Fall entsprechend melden. Spät, für viele Betroffene zu spät, die entweder den Missbrauch seelisch nicht überlebt haben oder jeden Tag neu darum kämpfen müssen, zu überleben.

Gnädige Gerichte, kooperierende
Staatsanwaltschaften oder:
»Bringt ihn da weg, sonst holen wir ihn!«

Die vom Hamburger Historiker Thomas Großbölting und
seinem Forschungsteam 2021 publizierte Studie zum Ausmaß sexualisierter Gewalt im Bistum Münster[13] hat neben
anderen interessanten Aspekten wie dem Bystander-Phäno-
men, mit dem diejenigen Personen und Gruppen bezeichnet
werden, »die mindestens eine bestimmte Ahnung (implizites
Wissen) oder sogar konkretes (explizites) Wissen über Missbrauchstaten in ihrem Umfeld hatten und potenzielle oder
faktische Ansprechpersonen für die Betroffenen darstell-
ten«[14], auch das Zusammenspiel von staatlicher Strafverfolgung mit dem Bistum Münster untersucht. In einem eigenen
Kapitel kann die Münsteraner Forschergruppe nachweisen,
dass bis noch kurz vor der Jahrtausendwende die Gerichte,
Polizei und Staatsanwaltschaft sehr milde und nachsichtig
mit Missbrauchstätern in diesem Bistum umgegangen sind.[15]
Ihre konkreten Beispiele ordnen sie in das auf Kooperation
des Staates mit den anerkannten Religionsgemeinschaften
ausgelegte Religionsverfassungsrecht ein, das durch wech-
selseitige Bindungen bei den staatlichen Stellen eine gewisse
Beißhemmung gegenüber dem Bistum bewirkt habe. In zahlreichen Fällen stellen sie eine inkonsequente Strafverfolgung
durch staatliche Behörden und Gerichte fest. Gerichte sprechen Haftstrafen auf Bewährung aus oder begnügen sich mit
Strafbefehlen, obwohl angesichts der Schwere der Taten und
der Wiederholungsgefahr nur noch eine Haftstrafe ohne Bewährung möglich gewesen wäre. Der Schutz zukünftiger Opfer und weitere präventive Gesichtspunkte waren lange Zeit
nicht im Blick der Gerichte. Selbst wenn es zu Gerichtsver-

fahren kam, gelang es hohen kirchlichen Mitarbeitern, weit weg vom Tatgeschehen Gerichte auszuwählen, an denen keiner den beschuldigten Kleriker kannte. Selbst der damalige Leiter des Katholischen Büros in Düsseldorf war sich nicht zu schade, die Niederschlagung eines drohenden Strafprozesses über seine Kontakte in die Politik zu erwirken. Ärztliche Gefälligkeitsgutachten konnten eine angemessene Bestrafung der Täter verhindern. Besonders anschaulich für diese wohlwollende Kooperation ist der Umgang mit dem Mehrfachtäter Helmut Behrens. Die Forschergruppe lieferte erdrückende Beweise, die den Verdacht der Behinderung der Strafverfolgung durch eine gezielte Absprache zwischen dem ermittelnden Staatsanwalt und dem Offizial von Vechta belegen. Als dieser Pfarrer Anfang der 1980er Jahre wieder einmal straffällig geworden war, soll der Staatsanwalt den zuständigen Dechanten sinngemäß aufgefordert haben: »Bringt ihn da weg, sonst holen wir ihn.«[16] Augenscheinlich galt bis weit ins letzte Jahrhundert hinein eine stillschweigende Übereinkunft zwischen staatlichen Behörden und kirchlichen Institutionen, Sexualstraftäter in den kirchlichen Reihen ohne großen Gesichtsverlust zu behandeln im Vertrauen darauf, dass die Kirchen sich weiter um diese Täter kümmern würden. Leider wurde diese staatliche Hoffnung sehr oft enttäuscht, und diese Täter konnten jahrzehntelang unter den Augen ihrer kirchlichen Vorgesetzten weitere Kinder und Jugendliche missbrauchen. Gerade in konfessionell homogenen Gebieten wie dem katholischen Münsterland waren augenscheinlich die konfessionellen Bande zwischen Richter:innen, Staatsanwält:innen, Ärzt:innen, Psycholog:innen und anderen gutachterlich tätigen Expert:innen stärker (und damit letztlich handlungsleitend) als die originären staatlichen Pflichtaufgaben, die ohne Ansehen der Personen und Institutionen beim Verdacht schwerer Straftaten eigentlich zu gelten haben. Diese Geschichte der unheiligen Allianz zwischen Staat und Kirchen muss so bald wie möglich auch von staatlicher Seite umfassend aufgearbeitet werden.

In gleicher Weise kommt auch das Münchener Gutachten zu dem Schluss, dass die bayerischen Behörden und Gerichte wohlwollend mit kirchlichen Missbrauchstätern umgegangen sind.[17] So konnte es vorkommen, dass ein beschuldigter Kleriker statt in U-Haft mit Zustimmung des Gerichts in einem Kloster untergebracht wurde, bis es zum Gerichtsverfahren kam. Die Urteile gegen klerikale Sexualstraftäter fielen dann oft auffallend milde aus.[18] Dass es in anderen Ländern der Weltkirche auch durchaus konsequenter zugehen kann, zeigt ein Beispiel in Chile. Dort ließ die Staatsanwaltschaft von Santiago de Chile den Sitz des Jesuitenordens durchsuchen, um an den Bericht einer kirchlichen Voruntersuchung zu gelangen, der zu einem bekannten chilenischen Jesuiten erstellt worden war. Erst als die Ermittler in die Räume der Jesuiten eingedrungen waren, übergab die Ordensleitung diese Unterlagen an die Staatsanwaltschaft.[19] Wenn selbst der den Kirchen wohlgesinnte Staatsrechtler Christian Waldhoff von der Berliner Humboldt-Universität feststellt, dass Kirchen und Religionsgemeinschaften stets und in vollem Umfang an das Strafrecht gebunden sind[20], überrascht es einigermaßen, dass sich vor allem die deutschen Staatsanwaltschaften im Raum der Kirche mit der Strafverfolgung immer noch schwertun.

Beispielhaft steht dafür der Umgang aller deutschen Staatsanwaltschaften mit der Forderung sechs deutscher Strafrechtsprofessoren, nach der Veröffentlichung der MHG-Studie 2018 gründliche Untersuchungen und auch Durchsuchungen kirchlicher Archive durchzuführen, um bisher noch nicht verfolgte Straftaten zu identifizieren und zur Anklage zu bringen.

Die von der Deutschen Bischofskonferenz in Auftrag gegebene MHG-Studie, die Sexualstraftaten und deren systemische Ursachen in den deutschen Diözesen zwischen 1945 und 2014 untersuchen sollte, wurde von einem Forschungskonsortium von Wissenschaftler:innen der Universitäten Mannheim, Heidelberg und Gießen verantwortet. Am 26. Oktober 2019 erstatteten die sechs Strafrechtsprofessoren in Zusammenarbeit mit dem Institut für Weltanschauungsrecht Strafanzeige gegen unbekannt wegen des Verdachts des sexuellen Missbrauchs von Kindern und des schweren sexuellen Missbrauchs von Kindern. Für sie hatte diese Studie ausreichend Anhaltspunkte geliefert, dass es in allen deutschen Bistümern mehr als nur einen begründeten Anfangsverdacht auf bisher noch nicht verfolgte Straftaten gebe. Die Reaktionen der zuständigen Staatsanwaltschaften fielen reserviert bis ablehnend aus. So betonte zum Beispiel der Koblenzer Generalstaatsanwalt Jürgen Bauer, dass er dafür keine Notwendigkeit sehe, weil er eher auf die Kooperationsbereitschaft der rheinland-pfälzischen Diözesen Mainz, Trier und Limburg setze, als mit Zwangsmitteln Akten zu beschlagnahmen. Zudem dürften die meisten der dokumentierten Fälle bereits verjährt sein.[21] Außerdem wird in diesem Kontext immer wieder angeführt, ein eher allgemeiner Anfangsverdacht reiche nicht aus, um einen richterlichen Durchsuchungsbescheid zu erwirken. Der Passauer Strafrechtler und profilierte Kirchenkritiker Holm Putzke, einer der sechs Strafrechtsprofessoren, kritisiert diese Haltung deutlich. Die Staatsanwaltschaften könnten ja gar nicht von vorneherein wissen, dass alle in kirchlichen Akten dokumentierten sexuellen Übergriffe bereits verjährt seien, und er gibt darüber hinaus zu bedenken: »Der Erstzugriff bei Straftaten ist nicht das heilige Recht der Kirchen und ihrer Bevollmächtigten, sondern die gesetzliche Pflicht der Strafverfolgungsbehörden!«[22] Nach dem am 14. Februar 2023 veröffentlichten Gutachten zum Bistum Essen[23] wurde auch der amtierende Bundesjustizminister und bekennende Katholik Marco Buschmann von der FDP deutlich. »Er höre immer wieder, dass die Staatsanwaltschaften dort angeblich nur eingeschränkte Befugnisse hätten. Buschmann: ›Das ist mitnichten so.‹ Der Staat habe eine Aufklärungspflicht, alle rechtlichen Instrumente anzuwenden, da gebe es keine Sonderprivilegien für die Kirchen.«[24] Fast möchte man sagen: Die Botschaft hör ich gern, allein mir fehlt der Glaube.

Ein Blick in das krisengeschüttelte Erzbistum Köln mit Kardinal Rainer Maria Woelki an der Spitze und zugleich auf die Kölner Staatsanwaltschaft mag dafür genügen. Im Kontext des bereits kurz erwähnten Falles von Pfarrer Ue., der zu einer langen Haftstrafe verurteilt und inzwischen auch kirchenamtlich aus dem Klerikerstand entlassen wurde, erstattete eine Reihe von katholischen Bürger:innen Strafanzeige gegen den Kardinal und das Erzbistum Köln wegen Beihilfe zu sexuellem Missbrauch von Kindern. Hintergrund waren eklatante Versäumnisse der Kölner Bistumsleitung beim Einsatz des Pfarrers und fehlende Informationen für die Gemeinden, bei denen er weiter als Hilfsgeistlicher arbeiten konnte. Im Kölner Gercke-Gutachten[25], dem zweiten Auftragsgutachten im Erzbistum Köln, war nicht nur für diesen Fall keine Amtshaftung oder strafrechtlich relevante Verantwortung der Kirchenleitung konstatiert worden – unter offenkundiger kirchenfreundlicher Interpretation und Auslassung wesentlicher BGH-Urteile zu diesem Themenkomplex. Diese interessengeleitete gutachterliche Reinwaschung wurde inzwischen in der strafrechtlichen Fachliteratur als haltlos widerlegt und sogar als eindeutiger Beihilfetatbestand bewertet.[26] Trotzdem lehnte die Kölner Staatsanwaltschaft diese Anzeigen kategorisch ab und sah keinen begründeten Anfangsverdacht der Beihilfe zu sexuellem Missbrauch von Kindern durch aktuell im Amt befindliche Entscheidungsträger im Erzbistum Köln. Im Rahmen diverser presserechtlicher Auseinandersetzungen des Kölner Kardinals mit Printmedien wandten sich verschiedene Zeug:innen an die Presse, etwa die ehemalige Sekretärin des Kölner Kardinals Meisner sowie die rechte Hand eines ehemaligen Personalchefs des Erzbistums Köln, und konnten überzeugend begründete Zweifel an einigen Auslassungen des Kölner Kardinals wecken, die er während der presserechtlichen Verfahren in eidesstattlichen Erklärungen beim Gericht hinterlegt hatte. Erst als der »Kölner Stadt-Anzeiger« ein Interview mit der ehemaligen rechten Hand des Kölner Personalchefs abgedruckt hatte und dann auch noch die ehemalige Sekretärin von Kardinal Meisner in einem presserechtlichen Verfahren als Zeugin ausgesagt hatte, sah sich der zuständige Oberstaatsanwalt in Köln endlich in der Lage, zwei förmliche Ermittlungsverfahren gegen den Kölner Kardinal wegen des Verdachts der eidesstattlichen Falschaussage einzuleiten, die beide noch laufen. Hinzu kommt ein weiteres Ermittlungsverfahren wegen Meineids. Die Kölner Staatsanwaltschaft veranlasste daraufhin im Juni 2023 umfangreiche Hausdurchsuchungen in den Diensträumen des Kölner Kardinals, im Erzbischöflichen Generalvikariat und in den Räumen des kirchlichen Gerichtes wegen des Verdachts des Meineides und der eidesstattlichen Falschaussagen. Ob diese medial aufsehenerregende Durchsuchung eine Zäsur mit Signalwirkung an andere Staatsanwaltschaften darstellt oder ein Einzelfall bleibt, wird die nähere Zukunft zeigen.

Bekanntlich hatte ein solches Verfahren im Fall des Limburger Bischofs Tebartz-van Elst das endgültige Aus dieses Bischofs eingeleitet. Diese wenigen Beispiele zeigen, wie sich die Staatsanwaltschaften auch noch im Jahr 2023 schwer-

tun, gegen hohe kirchenleitende Verantwortliche strafrechtlich zu ermitteln. Immer noch erweckt ihr zögerliches Verhalten den Eindruck, als würden kirchliche Würdenträger mit
Samthandschuhen angepackt. Das schadet dem Rechtsfrie-
den und fördert auch nicht das Vertrauen der Bürger:innen in
eine unabhängige Justiz. Daniel Deckers kommentiert in der
»Frankfurter Allgemeinen« das Verhalten der Kölner Staatsanwaltschaft denn auch zutreffend, wenn er schreibt: »Aber
wenn Mittel des Rechtsstaats nicht eingesetzt werden, wenn
es sich um Kirchenleute handelt, verspielt er das Vertrauen,
auf das er angewiesen ist. Nicht die Kirche selbst, aber der
Umgang der Justiz mit ihr ist wohl endgültig ein Fall für die
Politik geworden, nicht nur in Nordrhein-Westfalen.«[27]

In jüngster Zeit profiliert sich allerdings augenscheinlich
die bayerische Justiz bei der Verfolgung möglicher Sexualstraftaten im Raum der Kirchen. Mitte Februar 2023 wurde bekannt, dass die Staatsanwaltschaft München I auf der Grundlage des zweiten Gutachtens der Kanzlei Westphal Spilker
Wastl in sechs Fällen Durchsuchungen im Erzbischöflichen
Palais und im Ordinariat durchführte, um an bisher unbe-
kanntes und möglicherweise strafrechtlich relevantes Beweis-
material zu gelangen. Der bayerische Justizminister Georg
Eisenreich von der CSU gab zu Protokoll: »Die Menschen in
Bayern können sich darauf verlassen: Die bayerischen Staatsanwaltschaften ermitteln konsequent, sobald sich Anhaltspunkte für einen Anfangsverdacht ergeben. Keiner steht in
Bayern über dem Gesetz, kein Politiker, kein Wirtschaftsboss
und auch kein Geistlicher.«[28] Auch wenn es nach der Aussage
des bayerischen Ministerpräsidenten Söder bereits in den letzten Jahren in gut vierzig Fällen solche Durchsuchungen gegeben habe, sorgte diese Aktivität doch für einigen Wirbel. Nur
wenige Wochen später wurde bei einer Pressekonferenz der

Münchener Staatsanwaltschaft deutlich, welchen Zweck diese spektakulären Durchsuchungen verfolgten. Vor allem im Blick auf die Fälle 26, 40 und 41 der Münchener Studie wurde gegen den ehemaligen Papst Benedikt XVI. alias Joseph Ratzinger als ehemaligem Erzbischof von München-Freising wie auch gegen seinen hochbetagten lebenden Nachfolger Kardinal Friedrich Wetter und den ehemaligen Personalchef der Erzdiözese als Beschuldigte ermittelt. Im Raum stand der Vorwurf der Beihilfe zum sexuellen Missbrauch. Dieser Beihilfetatbestand ist schwieriges juristisches Terrain. Es geht um Vorsatz beziehungsweise aktives Unterlassen der Personalverantwortlichen im Zusammenhang mit Missbrauchstaten eines bereits auffällig gewordenen Klerikers. Die Münchener Gutachter waren zu der Überzeugung gelangt, dass solche Beihilfetatbestände gegeben sein können, während zum Beispiel die Gutachter des Kölner Kardinals diese Möglichkeit schon im Ansatz in Abrede stellten und damit in der strafrechtlichen Fachdiskussion eine Einzelmeinung beziehen. Natürlich, so muss man fast sagen, lieferten die einsehbaren Akten keinen Hinweis auf Vorsatz oder aktives Unterlassen, und außerdem waren die meisten Fälle auch schon verjährt. Kritisch könnte man vielleicht sogar von einer Schaufensteraktion der Münchener Justiz sprechen, weil dieses Ermittlungsergebnis ziemlich voraussehbar war, denn nach so langer Zeit stehen aussagekräftige Aktenbestände bei der Kirche nicht mehr zur Verfügung. Andererseits kann man diese Aktion auch als Hinweis der Justiz deuten, dass sie in Zukunft keine Rücksicht mehr auf die Kirchen nehmen werde, wenn es einen begründeten Anfangsverdacht auf eine Sexualstraftat und möglicherweise deren Vertuschung durch die Kirchenleitung geben wird. Daniel Deckers fordert daher zu Recht in der »Frankfurter Allgemeinen« von Bundesjustizminister Marco Buschmann, er möge die Schutzlücke im deutschen Strafrecht bei der Beihilfe zu sexuellem Missbrauch schließen und rechtliche Möglichkeiten schaffen, kirchliche Vertuscher strafrechtlich zu belangen.[29] Dafür spricht, dass wiederum der bayerische Justizminister Georg Eisenreich den Bund auffordert, beim Kindesmissbrauch weitere mögliche Schutzlücken im Strafrecht zu schließen. So müssten zusätzliche Fälle in den Blick genommen werden, in denen fürsorge- oder aufsichtspflichtige Personen eine fremde Missbrauchstat durch grobes Fehlverhalten fördern. »Der Minister plädierte dafür, einen neuen Paragrafen im Strafgesetzbuch (§ 176f StGB) zu schaffen. Nötig sei eine ausgewogene Regelung, die dem wichtigen Ziel des Kindesschutzes vor Missbrauch effektiv diene. Sie solle auf Fälle schweren Versagens, also grober Pflichtverletzungen, von fürsorge- und aufsichtspflichtigen Personen beschränkt werden. Die Strafbarkeit sollte auch voraussetzen, dass es tatsächlich zum sexuellen Missbrauch eines Kindes gekommen sei, der durch pflichtgemäßes Verhalten verhindert oder zumindest erschwert worden wäre. Für diese Fälle schlägt Eisenreich eine Freiheitsstrafe von bis zu drei Jahren vor.«[30] Angesichts der erschreckenden Fälle, die durch die Studie zu sexualisierter Gewalt im Erzbistum Freiburg 2023 bekannt wurden, ist diese Forderung vollkommen nachvollziehbar. Nicht nur nach Kirchenrecht, sondern auch nach staatlichem Strafrecht müssen systematische Vertuscher von sexualisierter Gewalt auch ohne den Nachweis des Vorsatzes strafrechtlich belangt werden können.

Aufklärung und Entschädigung durch
die Kirchen – geht das überhaupt?

Zum Thema Missbrauch gehören auch die Fragen der Aufarbeitung und der Entschädigung. Mit der MHG-Studie wurde 2018 eine erste Gesamtstudie für alle katholischen Diözesen vorgelegt, während die Öffentlichkeit erst im Herbst 2023 auf eine vergleichbare Studie für den Bereich der EKD hoffen darf. Seit 2020 ist ein unabhängiger Forschungsverbund unter dem Akronym »ForuM« von der EKD damit beauftragt, den Missbrauch in den evangelischen Landeskirchen und den unzähligen Einrichtungen der Diakonie zu erforschen. Dafür stehen 3,6 Millionen Euro Forschungsgelder zur Verfügung. Ob man allerdings wie die neue Beauftragte der EKD bei der Bundesregierung, Prälatin Anne Gidion, behaupten kann, in der evangelischen Kirche sei bereits sehr viel in Sachen Missbrauch geschehen, indem sie auf die verabschiedete Gewaltschutzrichtlinie, die Schaffung der zentralen Anlaufstelle.help oder das Beteiligungsforum und die für Herbst 2023 angekündigte Studie hinweist, darf doch bezweifelt werden.[31] Nachdem auch die evangelische Kirche das Thema Missbrauch lange verdrängt hat, klingt es eher nach dem berühmten Pfeifen im Walde.

Die MHG-Studie zählte 3677 Opfer und 1670 beschuldigte Kleriker. Nach der MHG-Studie begannen in einzelnen Diözesen lokale Studien, die mit unterschiedlichen methodischen Ansätzen das Aktenmaterial auswerteten. Entweder wurden Anwaltskanzleien beauftragt (Aachen, Köln, München-Freising, Mainz, Freiburg) oder Historiker (Limburg, Münster, Paderborn, Osnabrück, Hamburg, in Regensburg nur für die Domspatzen, inzwischen auch Speyer) oder Sozialwissenschaftler in Essen, wobei auch in Mainz zum Teil mit sozialwissenschaftlichen Methoden gearbeitet wurde. Das Bistum Augsburg plant eine Aufarbeitung nach rechtlichen und psychologischen Forschungsparametern, wobei noch unklar ist, wann die Untersuchungen beginnen sollen. Dies erschwert den Vergleich der einzelnen Studien und lässt Fragen nach der ausreichenden methodischen Breite der einzelnen Untersuchungen offen. In manchen Bistümern ist noch gar nichts geschehen, sei es aus Geldmangel wie in Magdeburg oder fehlendem bischöflichen Entscheidungswillen (Passau, Eichstätt, Bamberg). Das Bistum Trier hat die Aufarbeitung an die Unabhängige Aufarbeitungskommission dieser Diözese mit reichlich Zeit (sechs Jahre) delegiert. Entgegen der Wahrnehmung, dass die katholische Kirche ein monolithischer Block sei, wird auch beim Thema Aufarbeitung deutlich, dass die katholische Kleinstaaterei einen bunten Flickenteppich hervorbringt. In anderen Teilen der katholischen Weltkirche sieht dies vor allem aufgrund einer anderen gesetzlichen Situation in den jeweiligen Staaten anders aus. So liegen für Australien, Irland und Frankreich Untersuchungen mit deutlich höheren Opferzahlen vor. In Frankreich wusste Jean-Marc Sauvé, Präsident der unabhängigen Kommission, von über 330 000 Missbrauchsopfern zu berichten.

Deshalb wächst die Kritik an der Art und Weise, wie die Kirchen die Missbrauchsfälle aufarbeiten. Bei den beauftragten Rechtsanwaltskanzleien wird moniert, dass der erhobene Sachverhalt letztlich immer im Zweifel zugunsten des Mandanten dargestellt wird. Diese offenkundige Problematik kennzeichnet vor allem das Gutachten des Kölner Anwalts Björn Gercke für das Erzbistum Köln. Die strafrechtlichen Teile dieses Gutachtens für beide Rechtskreise sind in Teilen anfechtbar und werden in der Fachdiskussion von Expert:innen zurückgewiesen. Historiker:innen können nur das

Material auswerten, das ihnen zur Verfügung gestellt wird oder überhaupt noch vorhanden ist. Beim Mainzer Gutachten musste der beauftragte Rechtsanwalt Weber feststellen, dass kirchenrechtliche Untersuchungsakten völlig fehlten, obwohl sie nachweislich im bischöflichen Geheimarchiv hätten liegen müssen. In der jüngsten Studie zum Erzbistum Freiburg fehlten die Protokolle und Akten der Beratungen in der Personalkammer bis 1992 – welch erstaunlicher Zufall. Auch deshalb können die Untersuchungsergebnisse nur begrenzt Vorfälle in der Vergangenheit rekonstruieren. Beim sozialwissenschaftlichen Ansatz treten die systemischen Wechselbeziehungen zwischen Kirchenleitung, Gemeinden, Opfern und Tätern deutlicher zum Vorschein, dafür liefert er nur grobe Hinweise auf rechtlich relevante Fälle. Während die EKD bei ihrem Forschungsvorhaben die Diakonie mit im Blick hat, fehlt dies für die katholische Caritas. Noch komplexer wird die Situation bei den katholischen Ordensgemeinschaften. Sie sind relativ autonom und nicht weisungsabhängig von den Bischöfen, in deren Diözesen sie ihre Niederlassungen und Einrichtungen betreiben. Für Betroffene, die in Einrichtungen von Orden sexualisierte Gewalt erfahren haben, ist es oft nicht leicht, überhaupt Ansprechpartner:innen zu finden, die bereit sind, ihre Anzeige aufzunehmen und zu bearbeiten, wie es ein über allem thronender Papst zu suggerieren scheint.

Deshalb werden nicht nur in Gemeinden, sondern auch in der Politik die Stimmen lauter, die eine unabhängige staatliche Untersuchung fordern. Wie eine solche Untersuchung methodisch angelegt sein müsste, haben die Unabhängige Beauftragte für Fragen des sexuellen Kindesmissbrauchs (UBSKM) und ihr Beraterstab schon einmal überzeugend dargelegt.[32] Diesem Beraterstab gehört auch der Kölner Juraprofessor Stephan Rixen an. Er bezeichnet das vor allem in der gemeinsamen Erklärung zwischen dem UBSKM-Beauftragten Röhrig und Bischof Ackermann verabredete Verfahren zur Bildung von Unabhängigen Kommissionen zur Aufarbeitung von Missbrauch in den 27 Diözesen für bizarr, weil die einzelnen Bischöfe weiterhin den Hut aufhätten, wenn es um die personelle Zusammensetzung, die konkreten Arbeitsbedingungen und Ziele der Arbeit in diesen Kommissionen gehe. Der Staat akzeptiere klaglos die »quasi-autokratische Binnenstruktur der katholischen Kirche«[33], personifiziert in den Diözesanbischöfen, die in der Vergangenheit nicht selten selbst Vertuscher gewesen seien. Der Staat verstecke sich hinter dem Schutzschild der Selbstbestimmung, »um staatliche Kontrollmacht abzuwehren«. Damit versuche er sein Versagen als Kontrollmacht über staatlich geförderte Einrichtungen der Kirchen zu übertünchen, was ja auch die Frage der Staatshaftung aufwerfen könne.[34] Damit legt Rixen den Finger in die offene Wunde der staatlichen Doppelmoral. Staatliche Stellen haben nachweislich weggeschaut, wenn ihnen Missstände aus kirchlichen Einrichtungen gemeldet wurden. Die Probleme im organisierten Sport, der bei der Aufarbeitung von vielfältigem sexuellen Missbrauch in seinen Sportverbänden, vor allem beim Turnen, Schwimmen und in der Leichtathletik, bis heute nicht hinschaut und die Verbrechen in seinen eigenen Reihen augenscheinlich nicht wahrnehmen will, werden erst langsam vom Staat aufgegriffen. Dafür verhält er sich bei den Kirchen gutgläubig und gedankenlos. Noch einmal Rixen im O-Ton: »Der katholischen Kirche fehlt jeder Wille zum Recht im Sinne menschenrechtlich fundierter Machtbegrenzung, und sie ist stolz darauf. Es ist daher unabdingbar, dass die Besetzung der Aufarbeitungskommissionen stärker rechtsstaatlich gesteuert wird, um Kommissionen zu verhindern, die bestenfalls Placebo-Aufarbeitung leisten könnten.«[35]

Kein Weg führt daran vorbei, dass der Staat das gesamte Dunkelfeld sexualisierter Gewalt an Kindern, Jugendlichen und schutzbefohlenen Erwachsenen, auch in seinen eigenen Reihen, zum Gegenstand einer großen und unabhängigen Untersuchung macht und auch die Kirchen trotz ihrer Vorarbeiten mit in den Blick nimmt. Der Staat ist gefordert, die gesetzlichen Voraussetzungen zu schaffen, dieses Thema einer unabhängigen Wahrheitskommission zu übertragen, die mit den Rechten einer Staatsanwaltschaft Akten einsehen und beschlagnahmen lassen, Zeugen verpflichtend vorladen und Verantwortliche vor ihr Tribunal einbestellen darf. Nur so wird gewährleistet, dass mit rechtsstaatlichen Standards wirklich unabhängig und nicht interessengeleitet Aufarbeitung geschieht.

Die bisherigen Entschädigungsleistungen der beiden Kirchen sind mit dem Zusatz ohne Anerkennung einer Rechtspflicht sehr bescheiden und gleichen mehr einer Armenspeisung für die Betroffenen. Auch hier konnte Raoul Löbbert in der »Zeit«-Beilage »Christ und Welt« konfessionelle Unterschiede im Entschädigungsverhalten rekonstruieren. Zum Stichtag 1. Februar 2023 zahlte die evangelische Kirche im Durchschnitt einen Betrag von 13 370 Euro Entschädigung für den einzelnen Betroffenen, die katholische Kirche 21 287 Euro. Nachdem einige Zeit die katholische Kirche für jeden Fall 5000 Euro bewilligt hatte, wurde von den Bischöfen in Bonn zum 1. Januar 2021 ein erweitertes Verfahren eingeführt, das Entschädigungen für Opfer sexuellen Missbrauchs festlegen sollte. Opfer können sich an eine unabhängige Kommission aus Expert:innen verschiedener Bereiche wenden, um Entschädigungen zu beantragen, auch diejenigen, die bereits früher 5000 Euro erhalten haben. Für die Betroffenen ist das Verfahren psychisch belastend, weil sie sich zunächst an die unabhängigen Beauftragten in den Diözesen und Ordensgemeinschaften wenden müssen, die ihnen beim Ausfüllen des Antrages helfen. Die Schilderung des Tatgeschehens birgt die Gefahr der Retraumatisierung. Die Bistümer geben diese Anträge an die Bonner Kommission weiter und müssen nach der Entscheidung dieser Kommission auch die bewilligten Summen überweisen. Bis Anfang 2023 enthielten die Bescheide keine Rechtsmittelbelehrung, auch wurde den Betroffenen kein Widerspruchsrecht eingeräumt. Inzwischen werden nun das Widerspruchsrecht und Akteneinsicht gewährt. Diese Einsichtnahme aber ist eine zynische Farce, weil den Betroffenen nur ihr eigener Antrag, nicht aber die Entscheidungsgründe der Kommission vorgelegt wird. Aus rechtsstaatlicher Perspektive erweist sich diese Veränderung als Placebo und erfüllt nicht einmal im Ansatz die Mindeststandards verwaltungsgerichtlich überprüfbarer Beschwerden. Auch wenn die Anerkennungsleistung ohne Anerkennung einer Rechtspflicht bei 50 000 Euro gedeckelt ist – hier habe man sich an die Gepflogenheiten bei gerichtlichen Entscheidungen zu Schmerzensgeldforderungen in Deutschland orientiert –, werden im Einzelfall auch Beträge bis 160 000 Euro bewilligt. Niemand kennt die Kriterien, die maßgeblich für die Entscheidungen der Kommission sind. Augenscheinlich erhöhen sich die bewilligten Summen, wenn die Betroffenen detailliert das Tatgeschehen beschreiben. In einem derart undurchschaubaren System sind die Türen für Willkür weit geöffnet. Diese Intransparenz fördert berechtigtes Misstrauen in die Arbeit dieser Kommission. Zudem gibt es Bescheide in Höhe von 5000 Euro, die mit den bereits früher gezahlten Beträgen verrechnet werden – die Enttäuschung der Betroffenen kann man sich vorstellen. Dazu kommen immer noch lange Wartezeiten bei der Bearbeitung der Fälle. Wenn man bedenkt, dass eigentlich schon Anfang 2020 zwischen dem damaligen Beauftragten der Deutschen Bischofs-konferenz Ackermann und Betroffenenverbänden eine grund-sätzliche Einigung über einen Betrag von 300 000 Euro für jeden Betroffenen erzielt worden war, der Trierer Bischof da-mit aber bei seinen Mitbrüdern Schiffbruch erlitt, kann man die Enttäuschung vieler Betroffener umso mehr verstehen. Schließlich kommt bei diesem Verfahren den Bischöfen nicht das Wort der Entschädigung über die Lippen, weil sie sich als Institution nicht in der rechtlichen Verantwortung sehen, son-dern auf den jeweils individuellen Täter verweisen, der solche Ansprüche im Einzelfall begleichen soll.

Die Politik beklagt gelegentlich diese Praxis der monetären Anerkennung von Leid ohne Rechtspflicht, nimmt aber auch die Kirchen nicht stärker in die Pflicht. So ist es wieder die dritte Gewalt im Staat, die Justiz, die in Einzelfällen Klagen auf Entschädigungsleistungen von Betroffenen verhandelt. Auch hier ist Köln wieder der Hotspot der Bewegung. Seit Dezem-ber 2022 wurde die Klage eines pastoralen Mitarbeiters ge-gen das Erzbistum Köln verhandelt, der von einem Pfarrer als Kind über einen langen Zeitraum über hundert Mal schwer missbraucht worden ist. Er forderte eine Entschädigung von über 800 000 Euro, da er das Erzbistum Köln und seine da-maligen Verantwortlichen in der Amtshaftung sah, die von den Taten wussten, sie aber vertuschten und den Mehrfach-täter einfach an eine andere Stelle versetzten. Das Erzbistum Köln verzichtete freiwillig auf Verjährungseinrede und stellte weder die geschehenen Taten noch die Amtshaftung in Fra-ge. In gleicher Weise verhielt sich der Erzbischof von Mün-chen-Freising Kardinal Marx in einem vergleichbaren Fall, der in Traunstein verhandelt wurde. Nachdem kein Vergleich der streitenden Parteien in Köln erzielt werden konnte, hat das Kölner Gericht seine Entscheidung getroffen. Es verurteilte das Erzbistum Köln zu einer Zahlung von 300 000 Euro. Inzwischen ist das Urteil rechtskräftig, da beide Parteien auf Berufung gegen das Urteil verzichtet haben. Sollte sich diese Rechtsprechung verfestigen[36] und die Bistümer in der Regel auf die Verjährungseinrede verzichten, kann eine große Entschädigungswelle auf die Kirchen zurollen, die sie in Einzelfällen an die Grenzen ihrer finanziellen Belastbarkeit führen könnte.

Staatsleistungen

So regelmäßig wie Nessie aus Loch Ness taucht mindestens einmal im Jahr das eigentlich etwas dröge Thema Staatsleistungen in den Medien auf. Wie ist es möglich, dass der Bundestag, der vom Grundgesetz dazu ausdrücklich aufgefordert ist, bis heute kein Ablösegesetz verabschiedet hat, das die Bundesländer in die Lage versetzt, mit den Kirchen eine Einigung über die Staatsleistungen zu erzielen, die bis heute als Entschädigung für die Enteignungen während der Säkularisation zu Beginn des 19. Jahrhunderts gezahlt werden? Josef Isensee, Altmeister des deutschen Staatskirchenrechts, hat einmal von einem Verfassungsauftrag *ad calendas graecas* gesprochen.[1] Damit meinte er die Verschiebung dieses verfassungsrechtlich bindenden Auftrages auf den Sankt-Nimmerleins-Tag. Augenscheinlich sahen lange Zeit die großen Volksparteien CDU und SPD keinen politischen Bedarf, verfassungstreu zu handeln. Zu sehr hatte man sich offenbar zwischen Bund und Ländern und diese wiederum mit den Kirchen auf eine Art Waffenstillstand geeinigt. Der besteht bis heute darin, die vereinbarten Staatsleistungen dynamisiert um den regelmäßigen Faktor der Tariferhöhungen im öffentlichen Dienst Jahr für Jahr mit einer Summe X an die beiden Kirchen von Seiten der Länder zu überweisen. Über 600 Millionen Euro sind so 2022 von den Ländern an die Kirchen überwiesen worden, eine beachtliche Summe, die alle Steuerzahler aufbringen, egal, ob sie einer der Kirchen angehören oder auch nicht.

Die Verfassungsnorm ist so klar wie komplex: »Die auf Gesetz, Vertrag oder besonderen Rechtstiteln beruhenden Staatsleistungen an die Religionsgesellschaften werden durch die Landesgesetzgebung abgelöst. Die Grundsätze hierfür stellt das Reich auf« (Art. 140 GG iVm Art. 138 Abs. 1 WRV). Staatsleistungen, die abgelöst werden müssen, beruhen auf Gesetz, Vertrag oder besonderen Rechtstiteln. Es handelt sich also nicht um freiwillige Zahlungen oder Privilegien, mit denen die Kirchen ihre Finanzkassen neben ihren sonstigen Einkünften aufbessern können, sondern um handfeste Rechtsansprüche, die nicht einseitig durch den Staat für beendet erklärt werden können. Und hier beginnt schon der politische Streit: Je nach parteipolitischer Sicht oder weltanschaulicher Beheimatung kann man argumentieren, dass es nach so langer Zeit nun mal gut sei und die Zahlungen so bald wie möglich eingestellt werden sollen. Die Parteien an den Rändern, Die Linke und die AfD, treffen sich der Hufeneisentheorie entsprechend auch hier. Zudem ist es der Humanistischen Union oder Giordano-Bruno-Gesellschaft schon länger ein Dorn im Auge, weil aus ihrer Sicht der laizistische Staat seine steuerzahlenden Bürger:innen nicht für alte kirchliche Rechtstitel in kollektive Haftung nehmen dürfe. Die anderen Parteien sind sich weitgehend darin einig, dass nun wirklich die Zeit gekommen sei, die Grundsätze für die Ablösung in Gesetzesform zu gießen und den Bundesländern endlich das rechtliche Rüstzeug zur Verfügung zu stellen, um mit den Kirchen über die Ablösung der Staatsleistungen zu verhandeln. Inzwischen ist der politische Wille immerhin so weit gediehen, dass 2023 eine Arbeitsgruppe aus Vertretern des Bundes, der Länder und der Kirchen unter Federführung des Bundesinnenministeriums ihre Arbeit aufgenommen hat, um erste Verständigungen über das sogenannte Grundsätzeablösungsgesetz zu erzielen.

Dabei geht es zunächst um eine verfassungsrechtlich nicht einfache Situation. Denn was nützen die besten Grundsätze in einem solchen Gesetz, wenn die beiden Partner, die Bundesländer und die Kirchen, die diese Grundsätze umsetzen müssen, damit nicht arbeiten können und wollen? Es kommt neben sehr grundsätzlichen Überlegungen, was wie und in welcher Weise abzulösen ist, noch eine Vielzahl von Detailproblemen hinzu. Soll es eine finanziell äquivalente Entschädigungsregelung sein, mit der die Kirchen finanziell nicht schlechter dastehen als bisher, oder soll es nur eine angemessene Lösung mit einem auszuhandelnden Faktor X der bisherigen Summe sein, die gezahlt wurde, weil nun doch schon einen langen Zeitraum über Staatsleistungen gezahlt wurden? Zum einen wird in der öffentlichen Diskussion viel zu sehr auf die sogenannten Personaldotationen geschaut. Damit sind Zahlungen der Bundesländer für das Gehalt der Bischöfe und Domkapitulare auf der katholischen Seite und für Kirchenleitungen und Pfarrer:innen auf der evangelischen Seite gemeint. Bis weit ins 19. Jahrhundert wurden die Geistlichen beider Kirchen aus Benefizien und deren Erträgen finanziert. Konkret waren das zumeist Grund und Boden, der durch Verpachtung oder durch den Verkauf von Holz Erträge erbrachte, mit denen die Geistlichen bezahlt wurden. Dieser Grund und Boden wurde den Kirchen und Klöstern nach dem verlorenen Krieg mit Frankreich und dem Abtreten linksrheinischer Gebiete an Napoleon Anfang des 19. Jahrhunderts enteignet, immerhin 10 000 km². »Im ganzen wurden 112 rechtsrheinische Reichsstände aufgehoben, darunter sämtliche reichsunmittelbaren geistlichen Fürstentümer, Bistümer, Abteien, Klöster, Stifte und Orden.«[2] Den neuen Eigentümern, den Fürsten, die linksrheinisch ihre Gebiete verloren hatten, wurde im Reichsdeputationshauptschluss von 1803 die Pflicht auferlegt, fortan für die wegfallenden Erträge aus der Bewirtschaftung dieses Grundbesitzes aufzukommen, die Geburtsstunde der heutigen Dotationen. Als sie merkten, dass sie diese durchaus beträchtlichen Beträge jährlich aus eigenen Steuermitteln nicht mehr begleichen konnten, legten sie in der Mitte des 19. Jahrhunderts den steuerpflichtigen Bürger:innen beider Kirchen die Pflicht auf, die Kirchensteuer als staatliche Steuer zu entrichten: die Geburtsstunde des bis heute geltenden deutschen Kirchensteuersystems. Enteignung, Verpflichtung zur Zahlung von Staatsleistungen und die kurz darauf einseitig durch die deutschen Staaten eingeführte Kirchensteuer gehören historisch, aber auch systemisch zusammen und sind heute vielen Kritiker:innen der Staatsleistungen gar nicht mehr bekannt. Da es um Grundbesitz geht, ist es auch heute nicht einfach, die seitdem gezahlten Dotationen und die Wertsteigerungen dieser Grundstücke zu berechnen. Während ein früherer Acker in der Nähe von Frankfurt am Main inzwischen bebaut sein wird und seit Jahren hohe Gewinne für seine Eigentümer abwirft, mag die Weide in Nordhessen immer noch an einen Bauern verpachtet sein, der dort seine Kühe weidet.

Bei den bisweilen hitzigen Diskussionen über Staatsleistungen werden oft die sogenannten Baulastpflichten für Kirchen und Klöster vergessen. Viele Kirchen und Klöster gingen in den Besitz des Staates über, der sich verpflichtete, für den Bauunterhalt aufzukommen. Prominente Beispiele sind der Dom zu Fulda oder der Dom zu Limburg, beide gehören dem Land Hessen. Aber auch Kommunen wie die Stadt Frankfurt am Main sind betroffen, die für die Baulast des berühmten Kaiserdoms aufkommen muss. Das Land Rheinland-Pfalz trägt die Kosten für den Bauunterhalt des berühmten und historisch bedeutenden Zisterzienserklosters in Marienstatt im Oberwesterwald. Diese Liste ließe sich für jedes Bundesland und für viele größere und kleinere Kommunen in Deutschland beliebig verlängern. Jeder Hausbesitzer weiß aus eigener Anschauung, dass der Bauunterhalt von denkmalgeschützten Gebäuden viel Geld kostet. Da kommen ganz andere Summen zusammen als bei den jährlichen Personaldotationen, über die sich die Öffentlichkeit augenscheinlich schneller erregt: Warum sollen nichtkonfessionell gebundene Steuerzahler:innen das Gehalt von Kardinal Woelki in Köln oder der Präses von Westfalen, der EKD-Ratsvorsitzenden Kurschus, bezahlen? Was wohlgemerkt in dieser Schlichtheit der Aussage gar nicht zutrifft, denn beide erhalten ihr monatliches Gehalt aus der Bistums- beziehungsweise Landeskirchenkasse.

Wenn jetzt in Berlin ein Gesetz auf den Weg gebracht wird, das die Grundsätze für die Ablösung der Staatsleistungen regelt, ist immerhin ein Anfang gemacht. Aber es mag leicht sein, in Berlin ein Gesetz zu verabschieden, das den Bund nichts kostet. Die finanziellen Lasten liegen bei den Ländern und in etwas abgewandelter Form im Fall der Baulasten bei den Kommunen. Von daher wirken manche aktuellen politischen Äußerungen in Berlin eher wie Schaufensterpolitik. Dazu kommt, dass die Beziehungen zwischen den Kirchen, aber auch zwischen den einzelnen Bundesländern sehr unterschiedlich und damit auch die politischen Interessen durchaus divergent und nicht einfach auf einen Nenner zu bringen sind. Während die Staatsleistungen in Nordrhein-Westfalen für die katholischen Bistümer nur 2,2 Prozent ihrer Haushalte ausmachen und sie gerne dankend auf deren Ablösung eingehen möchten, um die permanente Kritik an diesen Leistungen loszuwerden, sieht die Lage etwa in der Mitteldeutschen Evangelischen Landeskirche deutlich anders aus, wenn dort die Staatsleistungen zwischen 15 und 20 Prozent des jährlichen Haushaltes ausmachen. So stellte die neue Beauftragte der EKD bei der Bundesregierung, Prälatin Anne Gidion, klar, dass diese Landeskirchen mit einem Wegfall dieser Zahlungen nicht mehr in der Lage seien, ihren Aufgaben nachzukommen. »Ein Wegfall dieser Einnahmen würde einzelne Regionen empfindlich treffen.« Die Gelder kämen der Arbeit mit Kindern, Jugendlichen oder Flüchtlingen zugute.[3] Dieses Begründungsmuster ist klassisch, denn es setzt die Geber, also die Bundesländer, unter Druck. Es insinuiert oder droht auch mit dem Wegfall von Angeboten für Kinder – man denke an Kindertagesstätten und Freizeitangebote für Jugendliche, an teiloffene Türen der kirchlichen Jugendarbeit; man denke an Bereitstellung von Wohnraum und Begleitung Geflüchteter – alles Kosten, die auf die Bundesländer und Kommunen zukämen. Wie sehr diese Logik verfängt, wird sich gleich an den Äußerungen zweier Ministerpräsidenten zeigen, die bewusst oder unbewusst genau auf diese inhaltliche Linie der Prälatin Gidion bei der Kritik an übereilten Aktivitäten zur Ablösung von Staatsleistungen einschwenken und sie politisch adaptieren. In den »alten« Bundesländern ist die Situation in Bayern und Baden-Württemberg besonders schwierig, wo jährlich beträchtliche Summen an beide großen Kirchen fließen. Hier kämen selbst diese finanzstarken Bundesländer in erhebliche Turbulenzen, müssten sie nach Verhandlungen auf einen Schlag mit mehreren Milliarden Euro die Staatsleistungen ablösen.

Nur so wird verständlich, dass die Ministerpräsidenten Kretschmann (römisch-katholisch) in Baden-Württemberg und Söder (evangelisch-lutherisch) in Bayern mehr als reserviert auf die Berliner Ambitionen zur Verabschiedung eines entsprechenden Ablösegesetzes reagieren. Es lohnt sich, beide Stellungnahmen genauer zu lesen, weil sie die schier unentwirrbare Verquickung politischer mit kirchlichen Interessen beispielhaft zu Tage treten lassen. Kretschmann hält eine zeitnahe Ablösung der Staatsleistungen für unwahrscheinlich. »Wenn wir es nicht bezahlen können, wird das Projekt nicht zustande kommen«, fügt er an.[4] Sicher könne sein Land die Ablösung nicht auf einen Schlag finanziell stemmen und müsse den ermittelten Betrag abstottern und dabei zeitgleich noch die vereinbarten Staatsleistungen weiterzahlen. Er wisse nicht wirklich, wie das zu finanzieren sei. Kretschmann nennt in diesem Zusammenhang »die Leistungen für die Kirchen ›sehr gut angelegtes Geld‹«. Es schmerze ihn nicht, dass der Staat das bezahlt. »Die Kirchen machen ja mit den Geldern nicht Dinge, die auf allgemeine Kritik stoßen«[5], gibt er noch zu bedenken. In dieser skeptischen Haltung sind alle Bedenken auf den Punkt gebracht. Fiskalisch ist es für die jeweiligen Finanzminister:innen eines Bundeslandes angenehmer, wenn sie weiterhin einen moderaten Betrag X, sicher immer dynamisiert um die jeweilige Tariferhöhung, in den Haushalt einstellen und an die Kirchen überweisen. Diese Summen sind kalkulierbar und auch leistbar, während sowohl eine Einmalzahlung bei Einhaltung der Schuldenbremse als auch eine Zahlung in Raten die Landeshaushalte zu sehr belasten würden, weil dann über einen längeren Zeitraum sowohl die Staatsleistung wie die Rate der Ablösung gezahlt werden müssten. Diese Sicht dürfte in diesem Fall nicht nur der schwäbischen Kunst im sparsamen Umgang mit Geld geschuldet, sondern auch Common Sense unter fast allen Bundesländern sein. Denn auch die Steuermittel der Länder sind endlich und die Aufgaben, die sie rechtlich zu stemmen haben, Legion. Doch der gute Katholikenfreund und Duzbruder des Rottenburger Bischofs Gebhard Fürst Winfried Kretschmann greift ein Narrativ der Kirchen in diesen Diskussionen auf: Staatsleistungen seien gut angelegtes Geld, das man gerne gebe, weil die Kirchen doch damit so staatsdienliche Dinge finanzieren.

Schöner hätte es auch nicht die toughe Prälatin Gidion sagen können. In einem Interview mit dem »Kölner Stadt-Anzeiger« erklärt sie zunächst: »Wir sagen: Hier geht es um den Erhalt dessen, was wir heute leisten, oder um den Beitrag, den die Kirchen mit diesem Geld für die Gesellschaft erbringen. Wenn wir das weiterführen sollen, muss die Ablösesumme möglichst äquivalent sein zu den Beträgen, die heute fließen.«[6] Dann reagiert sie auf den Einwand des Journalisten und Kirchenexperten Joachim Frank, der den trickreichen Hinweis auf die regulären Fixkosten der Kirchen für deren Pflichtaufgaben nicht gelten lassen will, und fügt dann geschickt an: »Andere Ausgaben sind variabel. Und dazu gehört dann vieles, was die Kirche im kommunalen oder sozialen Sektor leistet oder was sie für die internationale Entwicklungspartnerschaft leistet.«[7] Das ist schon mehr als nur das zarte Winken mit dem Zaunpfahl, sondern die klare Drohung, dass sich die evangelische Kirche aus der freiwilligen Übernahme von Staatsaufgaben in den Bereichen Kindertagesstätten und Schulen zurückziehen wird, wenn die Staatsleistungen nicht adäquat abgelöst werden.

Beim umtriebigen und meinungsstarken bayerischen Ministerpräsidenten Markus Söder stößt die Prälatin sofort auf offene Ohren. Er rät beiden Kirchen, die in Berlin offensiv betriebenen Ablösungspläne äußerst kritisch zu sehen. Es gehe nur vordergründig um fiskalische oder monetäre Fragen als offizielles Ziel. Hinter diesen Aktivitäten verberge sich das religionspolitisch verdeckte Ziel der Ampelkoalition in Berlin, »die Kirche in ihrer Grundverfasstheit« und auch ihre aktuelle Stellung im öffentlichen Leben zu verändern. »Die Kirchen müssen selbst wissen, ob sie das wollen«, sagte Söder. Er habe dazu von den Kirchen bislang »sehr wenig gehört«.[8] Zwei Punkte sind interessant: Söder erkennt im religionspolitischen Framing der Koalition das Ziel, die Kirchen als gesellschaftlich relevante Player hinauszudrängen und sie in die Nischen der eigenen binnenreligiösen Aktivitäten zu verbannen. Nicht Kooperation, sondern Laizismus also sei damit das Ziel. Er halte von einer Ablösung wenig, weil sie auch je nach Berechnungsgrundlage eine Summe deutlich über 10 Milliarden Euro als Entschädigungssumme kosten würde, deren Finanzierung er fiskalisch für unrealistisch halte. Außerdem forciere diese Regierung in Berlin das Thema der Ablösung, weil sie den Kirchen und ihrer noch relevanten gesellschaftlichen Stellung skeptisch gegenüberstehe. Er gibt zu bedenken, dass die Kirchen einen doppelten Auftrag hätten: den geistlichen Auftrag, der im Privatbereich der gläubigen Bürger:innen bleibe, aber eben auch einen gesellschaftlichen Auftrag: Es gebe die »sozialen und bildungsmäßigen Aufgaben« etwa in Kitas, Schulen, Kliniken und Hospizen. »Dieses Engagement möchte ich in Bayern nicht missen«, sagte Söder. Die Kirchen hätten nach wie vor große Relevanz, er wünsche sich aber manchmal mehr Präsenz – etwa bei Themen wie Suizid oder Abtreibung.«[9] Sowohl der mehr oder wenige fromme evangelische Söder von der CSU als auch der fromme Katholik Kretschmann von Bündnis 90/Die Grünen bewegen sich argumentativ in den gleichen Denkhorizonten. Als haushaltsaffine Berufspolitiker wissen sie einen kalkulierbaren Haushalt zu schätzen, der auch genügend Steuergeld für unerwartete Aufgaben enthält wie etwa die Versorgung der ukrainischen Flüchtlinge. Warum sollte man also einen moderaten und finanziell locker stemmbaren Betrag X bei den Staatsleistungen nicht einfach fortlaufen lassen, statt sich auf teure Ablösung, sei es auf einen Schlag oder in Raten, einzulassen? Außerdem gibt es für sie den Benefit durch die Kirchen, die neben ihren regulären Kirchensteuereinnahmen bei abnehmender Mit-

gliederzahl mit Hilfe der Staatsleistungen weiter Pflichtaufgaben für den Staat übernehmen können. Wäre das irgend-
wann nicht mehr möglich, müssten die Länder selbst tiefer
in die Tasche greifen. Garniert wird das Ganze noch um den
selbstlosen Dienst der Kirchen aus christlicher Grundhaltung,
der einem gerade noch so christlich imprägnierten Staat gut
zu Gesicht steht.

Diese beiden etwas ausführlicher dargestellten Positionierungen zweier gewichtiger Ministerpräsidenten mit christ-
lichem Background und gutem Instinkt für ihre Wähler:innen
zeigt sehr deutlich, dass trotz aller Berliner Euphorie bei den
religionspolitischen Fachpolitiker:innen der Ampelkoalition
nicht mit einer Lösung in naher Zukunft zu rechnen ist. Zu
sehr spielen im Hintergrund lang eingeübte Verhaltensmus-
ter und wechselseitig unausgesprochene, aber wirkmächtige
Bedarfserwartungen eine Rolle. Noch will man die finanzstarken Kirchen in ihrem gesellschaftlich relevanten Engagement
nicht missen und ist dafür bereit, trotz Verfassungsauftrag und
vielleicht sogar einem Ablösegesetz auf Zeit zu spielen. Selbst
wenn ein solches Gesetz in Kraft treten würde, drohen jedem
einzelnen Bundesland mühsame Verhandlungen über die
pauschalisierten Personaldotationen. Auch wenn nach der-
zeitigem Stand die Baulastpflichten vom geplanten Ablösegesetz nicht berührt werden sollen, sind sie doch angesichts ihrer fiskalischen Bedeutung mit im Blick zu behalten. Wer hier
einmal in einem konkreten Fall mitverhandelt hat, auch wenn
es nur um die Renovierung des Innenraums einer bedeutenden Kirche geht, bei der die Baulast auf staatlicher Seite liegt,
weiß, wie viel Zeit und Verhandlungsgeschick auf beiden Seiten notwendig sein wird, um sich in einer noch nicht absehbaren Zeitspanne auf einen Kompromiss zu verständigen. Von
daher wären wahrscheinlich alle Seiten gut beraten, weniger

Erwartungen an eine baldige Einigung zu wecken und dennoch zielgerichtet zu verhandeln mit passgenauen Lösungen für jedes einzelne Bundesland. Dass diese Verhandlungen schon bald beginnen, erscheint im Moment eher unwahrscheinlich. Ende März 2023 wurde bekannt, dass alle vierzehn zahlungsverpflichteten Bundesländer die Parteien im Deutschen Bundestag wissen ließen, dass sie kein Interesse an der Ablösung von Staatsleistungen hätten. Deshalb wurden auch die Termine für gemeinsame Sitzungen mit Vertretern der Kirchen und des Bundes ausgesetzt. Auf dem aktuellen Vorhaben zur Ablösung der Staatsleistungen liege »kein Segen«, sagte der Leiter der niedersächsischen Staatskanzlei Jörg Mielke (SPD). »Zum einen wäre eine Ablösung in Höhe eines 17- oder 18-Fachen der jährlichen Beträge auch als Ratenzahlungen nicht finanzierbar«, gab Mielke zu Protokoll. Zum anderen könnten die Länder kein Interesse daran haben, »das bewährt gute Verhältnis zu den Kirchen mit Finanzdiskussionen zu belasten«.[10] Niedersachsen übt zu diesem Zeitpunkt den Vorsitz in der Ministerpräsidentenkonferenz aus. In dieser kurzen Pressemitteilung waren mustergültig die Denkschablonen der deutschen Religionspolitik zu erkennen. So sehr auf bundespolitischer Ebene die religionspolitischen Sprecher:innen der Parteien ein Ablösegesetz forcieren, so sehr werden sie damit rechnen müssen, dass die Bundesländer nicht mitziehen. Die Rollenverteilung der Verfassung, dass im Regelfall die Bundesländer die religionspolitischen Akteure sind, wird wieder mal offenkundig. Zweitens haben die Bundesländer ein Interesse an einer kalkulierbaren und bezahlbaren Finanzpolitik und können sich auch wegen der aktuellen finanziellen Engpässe keine Sonderausgaben leisten. Und drittens wird wahrscheinlich immer noch mit großer Überzeugung die Ansicht vertreten, mit den weiter gezahlten Staatsleistungen komme das Geld bei wichtigen Akteuren der Zivilgesellschaft an, die damit gemeinwohlorientierte Arbeit für alle Bürger:innen leisten, ein Argument, das gerade die Ministerpräsidenten Söder und Kretschmann in Reinform vertreten. Selbst wenn es zu diesem Ablösegesetz in der laufenden Legislaturperiode kommen sollte, wird es noch sehr lange dauern, bis auf beiden Seiten überhaupt eine Bereitschaft zu erkennen sein wird, dieses Thema anzupacken. Fast sieht es so aus, als hätte das Thema der Staatsleistungen eine quasitheologische Dimension, nämlich die der Ewigkeitsgewährung. Von daher ist es auch fraglich, ob der Vorschlag des religionspolitischen Sprechers der SPD Lars Castellucci eine Chance hat, Teile der abgelösten Staatsleistungen in einen Fonds einzuzahlen, aus dem die Opfer sexualisierter Gewalt zukünftig großzügiger und vor allem großherziger entschädigt werden könnten.[11] An dieser bedenkenswerten Initiative wird auch deutlich, dass Religionspolitik auf Bundesebene in größeren Zusammenhängen und Verbindungen denken und agieren kann, andererseits nichts geht, wenn nicht die Bundesländer mitziehen und einen solchen Vorstoß in der Sache mittragen.

Geld und Moral, Steuern und Vermögen

Die Kirchensteuer – noch zeitgemäß?

Kein religionspolitisches Thema erregt so viel öffentliche Aufmerksamkeit und Empörung wie der unermessliche Reichtum der beiden Kirchen und ihr skandalöser Umgang mit ihrem Geld und Vermögen. Die goldene Badewanne in der Wohnung des ehemaligen Limburger Bischofs Tebartz-van Elst war nur ein Produkt enthemmter Fantasien, die Beinamen Prunk- und Protzbischof oder auch Bling-Bling-Bischof trug er freilich zu Recht. Mit dem Namen dieses frommen Manns vom Niederrhein verbindet sich in der deutschen Gesellschaft das Bild einer Kirche, die das Evangelium, das vorrangig den Armen gilt, verrät und sich an ihren weltlichen Besitztümern berauscht. Nachdem nach wochenlangem Verschleppen und Vertuschen nicht mehr zu verbergen war, dass dieser Bischof für sein Bischofshaus weit mehr als 30 Millionen Euro ausgegeben hatte, brach ein Sturm über ihn und das Bistum Limburg aus. Als wäre diese offenkundige Verschwendung von Geld nicht schon Grund genug für verständliche Empörung gewesen, kam noch hinzu, dass dieser Bischof veranlasste, Vermögen aus dem Bischöflichen Stuhl auszugeben, das von seiner ursprünglichen Zweckbindung für den sozialen Wohnungsbau von Familien gedacht war.

Neben dem Verdacht unermesslichen Vermögens steht als

Dauerbrenner natürlich auch die Kirchensteuer auf der Agenda der Kritiker der unheiligen Allianz von Staat und Kirche. Sie ist eine Erfindung der deutschen Staaten im 19. und frühen 20. Jahrhundert (1905 führte sie als letztes Land der Freistaat Preußen ein), um die finanziellen Verpflichtungen aus dem Reichsdeputationshauptschluss von 1803 auf die steuerpflichtigen katholischen und evangelischen Bürger:innen abzuwälzen. Die Kirchensteuer ist im komplexen deutschen Steuerrecht eine staatliche Steuer. Schon deshalb ist es unvermeidlich, dass Staat und Kirchen kooperieren müssen. Das beginnt schon mit steuerpolitischen Grundsatzentscheidungen, ob man eher auf direkte Steuern wie Lohn- und Einkommensteuer setzt, die maßgebliche Bemessungsgrößen für die Kirchensteuer sind, oder ob man die indirekten Steuern im Blick hat, aus denen keine Erträge für die Kirchen generiert werden. Und dann wird in den Augen vieler Kritiker der Einzug der Kirchensteuer selbst durch den Staat zum Ärgernis, weil man in dieser Serviceleistung eine zu starke Verquickung von Staat und Kirchen zu erkennen glaubt. Dass für beide Seiten dieser Service eine klassische Win-win-Situation bedeutet, weil der Staat je nach Bundesland 3 bis 4 Prozent des Kirchensteuervolumens als Obolus einbehält, was geschätzt im Jahr in allen Bundesländern eine Summe von 400 Millionen Euro einbringt, dafür aber die Kirchen in Deutschland im Unterschied zu Österreich keine eigene bürokratische Infrastruktur zur Eintreibung der Kirchensteuer vorhalten müssen, und dass die höchsten Gerichte den Einzug der Kirchensteuer als verfassungskonform eingestuft haben, lässt die Kritik an diesem Deal dennoch bis heute nicht verstummen. Außerdem müssen kirchensteuersäumige Steuerzahler:innen nicht von den Kirchen verklagt werden, auch das übernehmen die Finanzämter und im Streitfall die Finanzgerichte des Staates. Wie sehr beide Akteure im System der Kirchensteuer aufeinander angewiesen sind und kollaborieren, zeigt sich nicht zuletzt daran, dass in der Vergangenheit zum Arbeitskreis Steuerschätzung auch Vertreter der Kirchen gehörten, um an den politisch hochbedeutenden Prognosen zum künftigen Steueraufkommen mitzuwirken.

Die Diskussion um dieses zumindest für die römisch-katholische Kirche einzigartige Kirchensteuersystem reißt nicht ab, seitdem in Italien seit 1984 und danach in den verschiedensten Ländern Europas (Ungarn, Spanien, Slowenien, Polen) die Kultussteuer, gelegentlich auch Kultursteuer genannt, eingeführt wurde. Jeder Steuerpflichtige zahlt einen Betrag von 0,8 bis 1 Prozent seiner Einkommensteuer einer religiösen oder weltanschaulichen Gemeinschaft (auch mit der Möglichkeit, den Adressaten seiner Zuwendung zu wechseln), es muss also niemand wegen der Kirchensteuer aus der Kirche austreten. Zum Kirchenaustritt – 2022 traten 380 000 aus der evangelischen Kirche aus, 522 000 trennten sich von der katholischen Kirche – entscheiden sich viele Menschen aus Ärger über die Kirchensteuer. Sie können nicht entscheiden, wofür ihr Geld eingesetzt wird. Ganz anders das Konzept der Kultussteuer: Katholische steuerpflichtige Christ:innen im Erzbistum Köln zum Beispiel, die mit dem Gebaren ihres Erzbischofs im Umgang mit Betroffenen sexualisierter Gewalt nicht einverstanden sind, können nur durch einen Kirchenaustritt ihren Protest ausdrücken und dem Kardinal den Geldhahn zudrehen, obwohl sie im Glauben ganz und gar katholisch bleiben. Diese Verquickung der staatlichen Forderung, der in Artikel 4 Grundgesetz auch garantierten negativen Religionsfreiheit, also auch als Mitglied einer Religionsgemeinschaft diese verlassen zu können, mit der Unmöglichkeit, sich von der Kirchensteuer auch ohne Kirchenaustritt befreien zu können, treibt viele Christ:innen in eine schwierige Situation. Immerhin schließen deutsche Bischöfe und evangelische Kirchenleitungen die Ausgetretenen von den Sakramenten und Beerdigungen aus.

Bei den immer wieder aufflammenden Diskussionen über die Sinnhaftigkeit und Zukunft der Kirchensteuer werden kirchliche Vertreter:innen nicht müde, die unbestreitbaren Vorteile dieses Systems herauszustellen: Es generiere sichere und prognostizierbare Einnahmen, schaffe damit Verlässlichkeit etwa bei der Personalplanung, orientiere sich wie die anderen staatlichen Steuern an der tatsächlichen Leistungsfähigkeit der Kirchenmitglieder und ermögliche ein breites Feld an kirchlichen Aktivitäten auf hohem Niveau. Dem wird man nicht widersprechen können, denn ein kommunaler Stadtkämmerer würde über seine Steuereinnahmen genauso reden. Interessant ist aber, dass Kirchenvertreter:innen auch nicht müde werden zu betonen, dass die Kirchensteuer als sichere Einnahmequelle beide Kirchen erst in die Lage versetze, auch staatliche Aufgaben, die der gesamten Gesellschaft dienen, tatsächlich dauerhaft übernehmen zu können. Wir kennen diese Argumente von den Diskussionen zum Thema Staatsleistungen. Der ehemalige Finanzchef der Diözese Osnabrück, Joachim Schnieders, langjährig erfahren und geschätzt, weist zunächst sachgerecht auf folgenden Sachverhalt hin: »Kirchen gestalten, das darf sicher festgestellt werden, das gesellschaftliche und kulturelle Leben in erheblichem Maße mit. Das Betreiben von Schulen und Kindertagesstätten, aber auch von Beratungsstellen, Krankenhäusern und Altenpflegeheimen ist wohl zuerst eine Pflichtaufgabe des Staates, also von Bund, Ländern und Kommunen. Die Kirchen engagieren sich in diesen Bereichen aber in relevantem Umfang. Dafür erhalten sie von Bund, Ländern und Kommunen Kostenbeiträge, die aber die Gesamtkosten im Regelfall nicht abdecken, so dass aus kirchlichen Finanzmitteln ein erheblicher Finanzbeitrag zu leisten ist.«[1] In der Tat muss mit der manchmal kolportierten Mär aufgeräumt werden, dass die Kirchen bei der Übernahme von Staatsaufgaben sämtliche Kosten durch die zuständigen staatlichen Stellen refinanziert bekämen. Es bleibt beispielsweise bei den Kindertagesstätten, variierend von Bundesland zu Bundesland, immer ein Betrag von 10 bis 15 Prozent der realen Kosten für den Betrieb einer Kita übrig, den die Kirchen aus den jährlichen Kirchensteuereinnahmen selbst stemmen müssen. Dies gilt auch für kirchliche Schulen, die als Ersatzschulen anerkannt sind. In beiden Bereichen, Schulen und Kindertagesstätten, besuchen aber alle Kinder, nicht nur die christlichen Kinder, diese Einrichtungen. Tatsächlich profitiert die Gesellschaft von diesem Engagement. Der Staat würdigt dieses Engagement, indem er Erleichterungen für die Kirchensteuerzahler schafft. Noch einmal Schnieders im Originalton: »Der Staat erkennt das Bemühen der Kirchen um die Mitgestaltung dieser Bereiche und die Notwendigkeit der Mitfinanzierung aus Kirchensteuermitteln an und hat deshalb für die Kirchensteuerzahler eine Erleichterung dadurch geschaffen, dass die Kirchensteuer als Sonderausgabe bei der Einkommensteuer absetzbar ist. Der Staat erkennt also die Relevanz, ja die Notwendigkeit des kirchlichen Einsatzes in den genannten Arbeitsfeldern an.«[2] Auch diese Aussage ist richtig. In der Regel bekommt jeder Kirchensteuerzahler bis zu 30 Prozent seiner Kirchensteuer über diesen Weg der Sonderausgabe wieder zurück. Der CDU-Vorsitzende Friedrich Merz, katholischer Sauerländer und in einem Schattenkabinett der langjährigen Kanzlerin Merkel designierter Finanzminister, wurde durch seinen berühmten Bierdeckelvergleich bekannt, auf den die ganze Steuererklärung passen sollte. Alle Tatbestände, die sich steuermildernd auswirkten, sollten abgeschafft werden. Nur eine Sonderausgabe verblieb auf dem Bierdeckel: die Kirchensteuer. Man mag dies als Kuriosität abtun, aber es offenbart sehr deutlich, bei welcher Institution zumindest ein wertekonservativer, zugleich wirtschaftsliberaler Propagandist der Steuervereinfachung eine Institution aus konfessioneller Anhänglichkeit und gesellschaftspolitischem Traditionsbewusstsein schützen will. Und solche treuen Bewahrer der Kirchensteuer findet man nicht nur bei den C-Parteien. Auch der grüne Ministerpräsident Kretschmann stellte schon zu Beginn der Verhandlungen zur Bildung der Ampelkoalition im Blick auf die religionspolitischen Akzente als tief mit der katholischen Kirche verbundener Katholik fest, dass es mit ihm noch nicht einmal eine Diskussion über die Abschaffung oder auch nur Veränderung des Kirchensteuersystems geben werde. »Natürlich gibt es Laizisten, die sich über die Kirchensteuer aufregen, die sie selbst gar nicht bezahlen müssen«, sagte er der »Herder Korrespondenz«. »Wir haben aber wirklich andere Probleme, als uns an solchen Fragen abzuarbeiten. Das werden wir nicht machen. Außerdem sind dafür die Länder zuständig.« Die Kirchensteuer sei eine Dienstleistung des Staates – »und die wird auch bleiben«.[3] Wer solche politischen Bündnispartner an der Seite hat, muss sich als Kirche auch bei einem dramatischen Vertrauensverlust keine Sorgen machen, bald auch noch von seinen reichlich sprudelnden Finanzierungsquellen abgeschnitten zu werden.

Noch mehr Geld: Die kirchlichen Vermögen

Trotz der provozierenden These des evangelischen Staatskir-
chenrechtlers Axel Freiherr von Campenhausen, die Geschichte des kirchlichen Vermögens sei die ihrer Enteignung[4], für die
nicht nur der Reichsdeputationshauptschluss von 1803 steht,
steht gerade die Kirchensteuer dafür, dass es beiden Kirchen
gelungen ist, neues Vermögen zu kumulieren. Alte Bistümer
der katholischen Kirche und ehrwürdige evangelische Landeskirchen verfügen noch immer über Vermögenswerte, die ihnen nicht entzogen worden sind. Dazu zählen Grundbesitz,
aber auch Immobilien. Eigentum wird durch das Grundgesetz
geschützt, wenn es in Artikel 14 heißt: »Das Eigentum und das
Erbrecht werden gewährleistet. Inhalt und Schranken werden
durch die Gesetze bestimmt. Eigentum verpflichtet. Sein Gebrauch soll zugleich dem Wohle der Allgemeinheit dienen.«
Diese für alle Bürger:innen gültige Schutzgarantie gilt auch
für kirchliche Rechtspersonen, dazu kommen aber weitere
völkerrechtliche und verfassungsrechtliche Normen, die das
Vermögen der Kirchen rechtlich breit absichern.

Der Schutz des kirchlichen Vermögens wie auch die Möglichkeit, Kirchensteuer vom Staat einziehen zu lassen, sind
durch das Grundgesetz und Konkordate garantiert. Vor allem
der Schutz des kirchlichen Vermögens ist in älteren Konkordaten wie in Preußen (1929, Art. 5 Abs. 1) oder dem Reichskon-
kordat (1933, Art. 17), aber auch in Konkordaten, die nach der
deutschen Wiedervereinigung zwischen dem Heiligen Stuhl
und den neuen Bundesländern geschlossen wurden (wie etwa
in Sachsen-Anhalt im Jahr 1998), völkerrechtlich geregelt. So
heißt es in Sachsen-Anhalt in Art. 15 Abs. 1: »Das Eigentum
und andere Vermögensrechte der Katholischen Kirche werden
gewährleistet.« Damit wird verfassungs- und völkerrechtlich

ein für alle Mal ausgeschlossen, was die Kirchen in ihrer langen Geschichte mehrfach erleben durften: die Enteignung kirchlichen Vermögens zur Abdeckung staatlicher Bedarfe in Kriegs- und wirtschaftlichen Notzeiten.

Der Schutz kirchlichen Vermögens steht im Zusammenhang mit der verfassungsrechtlichen Norm, dass jede Religionsgesellschaft ihre Angelegenheiten selbstständig innerhalb der Schranken des für alle geltenden Gesetzes ordnet und verwaltet (Art. 140 GG iVm Art. 137 Abs. 3 WRV). In der Kombination von Schutz des Eigentums/Vermögens und dem Recht, eigenständig die vermögensrechtlichen Angelegenheiten zu ordnen und zu verwalten, mag im Ergebnis der Eindruck entstehen, der Umgang der Kirchen mit ihrem Vermögen und den eingenommenen Kirchensteuern als regelmäßig eingehende Finanzmittel für den laufenden Betrieb sei ein »Closed Shop«, in den von außen niemand hineinschauen könne, auch nicht der Staat mit seiner Verwaltung und seiner Justiz. Dieser Eindruck schien sich zu bestätigen, als 2013 im Bistum Limburg bekannt wurde, wie sehr der damalige Bischof Franz-Peter Tebartz-van Elst diverse Vermögensmassen aus dem Bischöflichen Stuhl regelrecht geplündert hatte, um die aus dem Ruder laufenden Kosten für sein Prestigeobjekt, den Bau eines Bischofshauses im Ensemble mit neuer Kapelle und Verwaltungsgebäude, aufzufangen. Bekanntlich versagten auch alle Kontrollmechanismen der zuständigen Organe, von denen die Baukosten in Höhe von mehr als 30 Millionen Euro hätten genehmigt werden müssen.

Bevor die Passivität der staatlichen Justiz in diesem Fall kritisch beleuchtet wird, ist kurz zu erklären, welche Rechtspersonen auf Ebene einer Diözese (Bistum) nach speziellen kirchenrechtlichen Normen eigenes Vermögen bewirtschaften. Das Bistum selbst ist Träger von Vermögen, erstaunlicherweise aber erst seit der Mitte des 20. Jahrhunderts. Dann gibt es noch das Domkapitel, das aus leitenden Priestern und Weihbischöfen besteht, die an der Domkirche besondere liturgische Verantwortung tragen. Und erst durch die Limburger Wirren kam die dritte Rechtsperson, der sogenannte Bischöfliche Stuhl, als Rechtsperson und damit Vermögensträger ans Licht der Öffentlichkeit. Seit unvordenklichen Zeiten gehört zum Bischöflichen Stuhl das sogenannte Benefizialvermögen, das Stellenvermögen, das den Unterhalt und die Versorgung der Bischöfe sicherte, bevor es regelmäßige Einkünfte aus der Kirchensteuer gab. Über die Jahrhunderte wuchs das Vermögen der Bischöflichen Stühle vor allem auch deswegen an, weil es lange Zeit die einzige anerkannte kirchliche, aber auch staatliche Rechtsperson in Form der Körperschaft des öffentlichen Rechts war, der fromme Gläubige bei ihrem Ableben großherzige Erbschaften (zumeist Land und Immobilien) übertragen konnten. Wer das Vermögen der katholischen Kirche also wirklich verstehen will, muss diese drei Rechtspersonen (Bistum, Domkapitel und Bischöflicher Stuhl) kennen, für die das kirchliche Vermögensrecht gilt, für die aber lange Zeit jeweils unterschiedliche Kontrollorgane verantwortlich waren. Je älter eine Diözese ist, umso wahrscheinlicher ist beträchtliches Vermögen im Bischöflichen Stuhl zu finden. Dies gilt beispielsweise für das Erzbistum Paderborn, aber auch für die Erzbistümer München-Freising oder Köln. In jüngeren Bistümern wie Limburg, die zudem kirchensteuerstark sind, weil ihre Gebiete in wirtschaftsstarken Regionen liegen, wird man eher kumulierte, nicht verbrauchte Kirchensteuern im Anlagevermögen finden. Bei den Domkapiteln ist die Lage sehr unübersichtlich. Auch hier spielen Größe und Alter eine Rolle. Recht wohlhabend ist zum Beispiel das Münchener Domkapitel. Für diese Akteure auf der Ebene der Diözese wie aber auch für die Kirchengemeinden vor Ort gelten weltweit verbindliche Normen des Vermögensrechts. Und es ist eine strenge Zweckbindung bei der Bewirtschaftung von kirchlichem Vermögen zu beachten: Die katholische Kirche darf Vermögen nur erwerben, besitzen, verwalten und veräußern, wenn es um die Feier der Gottesdienste, die Entlohnung ihrer Beschäftigten und die Werke der Caritas, vor allem den Dienst an den Armen geht. Von Prunk und Protz ist keine Rede.

Das ganze kriminelle Ausmaß der Limburger Affäre war nur möglich, weil die Mittel des Vermögens gegen ihre Zweckbindung verwendet wurden und der Verwaltungsrat des Bischöflichen Stuhls, aber auch der diözesane Vermögensverwaltungsrat nicht mit den Geschäften rund um den Bau der Prachtimmobilie auf dem Limburger Domberg befasst wurden. Dies alles wurde sorgfältig durch eine entsprechende kirchliche Kommission bald nach Bekanntwerden des Skandals aufgearbeitet und dem Vatikan übermittelt.[5] Gleichzeitig reichten etliche Bürger:innen bei der Staatsanwaltschaft in Limburg Strafanzeige wegen Veruntreuung gegen Bischof Tebartz-van Elst, manche auch gegen die handverlesenen Mitglieder des Verwaltungsrates des Bischöflichen Stuhls, ein. Der § 266 Strafgesetzbuch, der den Untreuestraftatbestand regelt, lautet in seinem Absatz 1: »Wer die ihm durch Gesetz, behördlichen Auftrag oder Rechtsgeschäft eingeräumte Befugnis, über fremdes Vermögen zu verfügen oder einen anderen zu verpflichten, missbraucht oder die ihm kraft Gesetzes, behördlichen Auftrags, Rechtsgeschäfts oder eines Treueverhältnisses obliegende Pflicht, fremde Vermögensinteressen wahrzunehmen, verletzt und dadurch dem, dessen Vermögensinteressen er zu betreuen hat, Nachteil zufügt, wird mit Freiheitsstrafe bis zu fünf Jahren oder mit Geldstrafe bestraft.« Der Abschlussbericht belegt eindeutig, dass alle Tatbestandsmerkmale der Untreue vorlagen: Es wurde Vermögen, das zweckgebunden war für den Bau von Wohnungen für sozial benachteiligte Familien, vorsätzlich für einen Prunkbau verwendet; der Verwaltungsrat versäumte es, Genehmigungen zum Beispiel für Kreditaufnahmen zu erteilen, oder wurde von den klandestin eingesetzten Handlangern des Generalvikars gar nicht erst informiert, um nur einige Punkte zu nennen. Sowohl in der Sache wie auch prozedural wurde das Recht mit Füßen getreten. Und dies beim Vermögen des Bischöflichen Stuhls, der auch nach staatlichem Recht eine anerkannte Körperschaft des öffentlichen Rechts ist und der Rechtsgeschäfte mit Dritten (zum Beispiel Handwerker, Baufirmen) streng nach Recht und Gesetz abwickeln muss. Deshalb reichen die wirtschaftlichen Aktivitäten des Bischöflichen Stuhls weit in den staatlichen Rechtskreis hinein, bei dem die Vertragsnehmer in Treu und Glauben davon ausgehen müssen, dass die kirchlichen Geschäftspartner sich an die kirchlichen und staatlichen Normen halten. Die Antwort der Limburger Staatsanwaltschaft nach Rücksprache mit der Generalstaatsanwaltschaft in Frankfurt, die sicher bei aller reklamierten Unabhängigkeit Kontakt mit dem Hessischen Justizministerium aufgenommen haben dürfte, fiel für alle juristischen Betrachter:innen frappierend und eindeutig rechtswidrig aus.[6] Die Limburger Staatsanwaltschaft verwies in ihrer Presseerklärung[7] zur Nichtverfolgung der eingereichten Strafanzeigen darauf, man müsse beim Umgang der Kirchen mit ihrem Vermögen zwischen den außer- und innerkirchlichen Angelegenheiten unterscheiden. Da es sich beim Bau des Bischofshauses und möglicher Verstöße gegen das kirchliche Vermögensrecht um eine innerkirchliche Angelegenheit handle, seien diese der staatlichen Justizverfolgung entzogen, was sich direkt aus dem in der Verfassung (Art. 140 GG iVm Art. 137 Abs. 3 WRV) garantierten Recht zur Ordnung und Verwaltung ihrer inneren Angelegenheiten ergebe. Klar seien Verstöße gegen das kirchliche Recht zu konstatieren, aber die Ahndung und überhaupt die Befassung mit diesen Vorgängen obliege allein der katholischen Kirche, da sie als innerkirchliche Angelegenheiten zu jenen Vorgängen gehören, die unter das Ordnen und Verwalten durch die Religionsgesellschaften zählen würden. So gebe es ja auch eine funktionierende kirchliche Gerichtsbarkeit, die sich dieser Sache annehmen könne. Dieser Hinweis auf die kirchliche Gerichtsbarkeit – bei Bischöfen ist die Römische Rota zuständig – endete wie das Hornberger Schießen. Das Bistum Limburg reichte Klage in Rom ein, und diese wurde mit dem Hinweis auf die Entscheidung der Bischofskongregation nicht angenommen, der »arme« Ex-Bischof von Limburg sei doch schon durch seinen Amtsverlust und den Verlust des guten Rufes in der Öffentlichkeit so sehr bestraft, dass ein kirchenrechtliches Strafverfahren wegen Untreue nicht ratsam erscheine. So viel zu einer Kirche, die keine Gewaltenteilung kennt und wo durch eine Entscheidung einer römischen Behörde die eigenen kirchlichen, in dem Fall höchsten Gerichte gehindert werden, eine mögliche Straftat zu verhandeln. Die hessische Justiz ist mit einer mehr als dürftigen juristischen Erklärung vor der Kirche eingeknickt. Frauke Rostalski konnte nachweisen, dass die Ahndung eines Verstoßes, der (auch) innerkirchliche Normen verletzt, die Notwendigkeit staatlicher Reaktion auf die Verwirklichung einer tatbestandlichen Untreue nicht aufhebt und ihr auch nicht entgegensteht: »Rechtliche Verhaltensnormen wie das Untreueverbot gelten für jeden Bürger im Staat – mithin auch für Angehörige der Religionsgemeinschaften. Das Verbot gilt uneingeschränkt auch für Verletzungen des kirchlichen Vermögens durch deren eigene Amtsträger.«[8]

Fehlte im Limburger Fall noch die Bereitschaft der staatlichen Strafverfolgung, den Bürger Tebartz-van Elst wie jedermann nach dem Strafgesetz zu behandeln, um damit einen erheblichen Vermögensschaden zuungunsten des Bischöflichen Stuhls auf seine möglichen strafrechtlichen Implikationen zu untersuchen und je nach Untersuchungsergebnis Klage wegen des Verdachts der Untreue zu erheben oder nicht, reagierte einige Zeit später im Falle des Bistums Eichstätt die bayerische Justiz ganz anders.

Dort hatten der stellvertretende Finanzchef der Diözese und ein Komplize in den USA dafür gesorgt, dass mit der Unterschrift eines völlig überforderten priesterlichen Finanzchefs dieser Diözese insgesamt 60 Millionen Euro in ungedeckte Darlehen investiert wurden, die an Projektgesellschaften im Bereich der Immobilien-Entwicklung in Texas und Florida vergeben wurden. Erst nachdem Anfang 2017 bei einer Wirtschaftsprüfung diese Unregelmäßigkeiten aufgedeckt wurden, kamen diese windigen Rechtsgeschäfte ans Licht. Die Diözese Eichstätt reichte daraufhin gegen ihren stellvertretenden Finanzchef und seinen Komplizen bei der Staatsanwaltschaft München II wegen Untreue und Bestechlichkeit im geschäftlichen Verkehr Strafanzeige ein. Ein Teil dieser Summe war als Rückstellung für die Pensionsleistungen an Priester vorgesehen, die in den Ruhestand treten. Gleichzeitig beauftragte Bischof Hanke, ein frommer und gottesfürchtiger Benediktinermönch, die Wirtschaftskanzlei Westphal Spilker Wastl (WSW) in München mit der systematischen Aufarbeitung der Vermögensverwaltung im Bistum Eichstätt. Die Ergebnisse dieser Untersuchung sind erschütternd.[9] Eine Clique aus hohen Geistlichen in der bischöflichen Verwaltung teilte sich die Macht durch undurchsichtige Transaktionen mit kirchlichem Vermögen ohne Vier-Augen-Prinzip und ohne Sicherung von

Checks-and-Balances-Regeln. Dienstreisen führten nach Asien, um dort die boomende Containerschifffahrt zu studieren, in die man investiert hatte – wozu man durch die Aussicht auf solche Reisen geködert worden war. Das Gutachten spricht von einem »System Eichstätt«[10], das zu diesem gewaltigen Verlust an Vermögen geführt hat. Auch wenn es mit Hilfe dieser Kanzlei inzwischen gelungen ist, in zivilrechtlichen Vergleichen vor US-amerikanischen Gerichten eine gewisse Summe zurückzubekommen, klafft eine gewaltige Lücke im Vermögensbestand dieser Diözese. Im Sommer 2022 erhob die Staatsanwaltschaft nach fünfjährigen Ermittlungen, in deren Verlauf zwischenzeitlich auch Bischof Hanke Gegenstand der Untersuchungen wurde, aber letztendlich nicht angeklagt wurde, gegen drei Beschuldigte die Anklage wegen Untreue und Bestechlichkeit. Der Schaden soll 45,2 Millionen Euro betragen.[11] Ob die große Wirtschaftsstrafkammer in München die Klagen annehmen und verhandeln wird, ist noch offen.

Inzwischen befindet sich das Bistum Eichstätt allerdings in erheblichen finanziellen Turbulenzen. Nachdem der Kirchensteuerrat den vorgelegten Haushalt für 2023 in erster Lesung abgelehnt hatte, für kirchliche Verhältnisse ein mehr als ungewöhnlicher Vorgang, wurde dem Bistum ein radikaler Sparkurs auferlegt. So wird Eichstätt fünf Schulen und die eigene Kirchenzeitung aufgeben und sogar frei werdende Immobilien so nutzen, dass darin die bischöfliche Behörde einziehen und der Bischof eine kleinere Wohnung beziehen kann. Außerdem müssen die aktiven Priester dieser Diözese einen gewissen Teil ihrer Bezüge als Rückstellungen für ihre Pensionen einzahlen, nachdem weite Teile des Pensionsfonds unwiederbringlich verloren gegangen sind. Der Fall Eichstätt, in seinen finanziellen Folgen gravierender als der Fall Limburg, hat trotzdem nur ein geringes öffentliches Echo gefunden. Klerikales Missmanagement vernichtete ein Vermögen, das eigentlich den Gläubigen gehört. Obwohl Bischof Hanke strafrechtlich nicht weiter verfolgt wird, ist er der moralische Verlierer. Einer der Beschuldigten ist ein guter Bekannter von ihm, der dann seinen Orden verlassen hat, aber bei seinem alten Studienfreund eine lukrative Anstellung fand. Bischof Hanke ist es auch bei den anderen leitenden klerikalen Mitarbeitern augenscheinlich lange Zeit nicht gelungen, transparente Finanz- und Vermögensstrukturen zu schaffen. Was die staatliche Strafverfolgung angeht, so ist sie aktiv geworden, nachdem diesmal das Bistum selbst eigene Mitarbeiter angezeigt hat. Aber auch hier wird der politisch Verantwortliche, Bischof Hanke, vor der staatlichen Strafverfolgung geschützt, während der ehemalige Finanzchef und sein Vertreter sowie der Komplize in den USA wahrscheinlich vor Gericht kommen und möglicherweise lange Haftstrafen antreten müssen.

Trotz aller Skandale und der dadurch ausgerufenen Transparenzoffensive der deutschen Bistümer gilt bis heute für beide Kirchen, dass sie nur ungern über ihr Vermögen und ihr Finanzgebaren sprechen. Die Macht der bischöflichen und landeskirchlichen Behörden bei der Bewirtschaftung der verschiedenen Vermögen der unterschiedlichen kirchlichen Rechtsträger und deren Observanz ist allgegenwärtig und dominierend. Nur ausgewiesene Expert:innen sind in der Lage, die jährlichen extern testierten Haushaltsabschlüsse zu analysieren, wenngleich die Tiefendimensionen vor allem im Immobilienbereich wie auch in den konkreten Finanzanlagen kaum erkennbar sind. Der Limburger Skandal rund um das Bischofshaus belegt eine Beißhemmung der staatlichen Strafverfolgung, offenkundigen Rechtsbrüchen nachzugehen und auf ihre strafrechtliche Relevanz zu prüfen. Möglicherweise zeigt das Eichstätter Beispiel allerdings auch, dass langsam ein

Bewusstseinswandel bei den staatlichen Instanzen einsetzt. Dazu würde zumindest in Bayern passen, dass dort im Kontext der bereits angesprochenen staatlichen Aufarbeitung von Fällen sexualisierter Gewalt in der Vergangenheit nun, wie jüngst in München geschehen, tatsächlich Dienströume des Erzbischofs und seiner Verwaltung auf Akten durchsucht und mit Kardinal Wetter der ehemalige Erzbischof als Beschuldigter von der Staatsanwaltschaft vernommen wird. Wind of change? Es bleibt abzuwarten, ob daraus ein Trend wird. Skepsis ist angebracht. Zumindest käme heute wahrscheinlich die Limburger Staatsanwaltschaft mit ihrer billigen juristischen Ausrede von äußeren und inneren Angelegenheiten der Kirchen in der Öffentlichkeit nicht mehr durch. Die Weigerung des Staates, in Limburg 2014 offenkundige Straftaten zu verfolgen, nur weil ein dem Mammon verfallener Bischof involviert war, ist ein handfester Justizskandal. Wie sehr gerade das in manchen Bistümern beträchtliche, oft heterogene Vermögen der Bischöflichen Stühle gefährdet sein kann, zeigen die dramatischen Turbulenzen im Erzbistum Köln zur Unterfinanzierung der von Kardinal Woelki durchgesetzten eigenen kirchlichen Katholisch-Theologischen Fakultät in Köln. Schon zur Anschubfinanzierung dieser Einrichtung wurden verschiedene Vermögen verzehrt, die Priester vor Jahrzehnten für Belange des Erzbistums einbezahlt hatten. Darüber hinaus wurden Gelder aus diesem Vermögen benutzt, um einerseits Betroffene sexualisierter Gewalt zu unterstützen, wogegen nichts einzuwenden ist, aber eben auch teure und in der Regel ineffiziente PR-Agenturen und Rechtsanwaltskanzleien zu bezahlen, die dem Kardinal im Kampf gegen sein negatives Image bei der Aufarbeitung von sexualisierter Gewalt in unzähligen Rechtsstreitigkeiten gegen Journalist:innen und Wissenschaftler:innen unterstützen. Nicht in allen bischöf-

lichen Köpfen ist augenscheinlich auch nach Limburg ange-
kommen, dass dieses Bischöfliche Stuhlvermögen keine frei
verfügbare Jongliermasse zur freien Verfügung des Bischofs
ist, sondern ein von Gläubigen mit konkreter Zweckbindung
zugewendetes Vermögen, das der Aufsicht der Kontrollorgane
unterliegt. Es ist daher dringend an der Zeit, dass bei augenscheinlichen Rechtsverstößen im Umgang der Bischöfe und
ihrer Verwaltungen mit kirchlichem Vermögen nicht nur die
Staatsanwaltschaften aktiv werden, sondern auch kirchliche
Verwaltungsgerichte den betroffenen Gläubigen die Chance
geben, gegen ein nicht selten willkürliches Verhalten ihrer Bischöfe gerichtlich vorzugehen. Noch zögert Rom allerdings,
den deutschen Bischöfen solche Verwaltungsgerichte zu ge-
nehmigen. Beim Geld und seiner Verwaltung hört der Spaß
eben auf, und die Bischöfe als kleine, absolutistisch herrschen-
de Kirchenfürsten sollen weiterhin auch bei rechtswidrigem
Umgang mit kirchlichem Vermögen nicht kirchenrechtlich be-
helligt werden. Daran ändert faktisch auch ein neu eingeführ-
ter Wirtschaftsstraftatbestand im überarbeiteten kanonischen
Strafrecht nichts, der 2021 von Papst Franziskus in Rechtskraft
gesetzt wurde. Umso mehr ist der Staat gefordert, offenkundige Untreue zu verfolgen und zu bestrafen.

Frank und frei:
Universitäre Theologie
zwischen staatlicher Freiheit
und kirchlicher Gängelung

Zu den religionspolitischen Eigentümlichkeiten in Deutschland zählt die Tatsache, dass an staatlichen Universitäten katholische, evangelische, orthodoxe, jüdische und auch immer mehr islamische Theologie gelehrt wird, der Staat also Priester, Pastor:innen, Rabbiner, Imame und die dazugehörigen religionspädagogischen Fachkräfte ausbildet. Natürlich dominieren noch die beiden christlichen Fakultäten, weil in fast allen Bundesländern – mit Ausnahme von Berlin, Bremen und Brandenburg – an allen Schulen konfessioneller Religionsunterricht angeboten werden muss. Religion ist das einzige Unterrichtsfach mit Verfassungsgarantie, das gibt es nirgendwo anders auf der Welt. In Art. 7 Abs. 3 GG heißt es: »Der Religionsunterricht ist in den öffentlichen Schulen mit Ausnahme der bekenntnisfreien Schulen ordentliches Lehrfach. Unbeschadet des staatlichen Aufsichtsrechtes wird der Religionsunterricht in Übereinstimmung mit den Grundsätzen der Religionsgemeinschaften erteilt. Kein Lehrer darf gegen seinen Willen verpflichtet werden, Religionsunterricht zu erteilen.«

Daneben gibt es auch theologische Ausbildungsstätten in kirchlicher Trägerschaft, die staatlich anerkannt sind und in geringen Teilen in manchen Bundesländern Zuschüsse aus dem Haushalt der Wissenschaftsministerien erhalten. Für sie gilt im katholischen Bereich das vom jeweiligen Papst in Kraft gesetzte katholische Hochschulrecht, das dem Papst und seinen Behörden und den vor Ort zuständigen Bischöfen weitreichende Zugriffsrechte bei der Auswahl der Dozierenden und der Lehrstoffe gibt. Ein prominentes Beispiel für solche kirchlichen Hochschulen ist die jesuitische Hochschule St. Georgen in Frankfurt oder die ebenfalls von den Jesuiten betriebene Hochschule für Philosophie in München, oder die Augustana-Hochschule der Evangelisch-Lutherischen Kirche im bayerischen Neuendettelsau.

Dass die Theologie für die beiden einst großen christlichen Kirchen an staatlichen Universitäten gelehrt wird, liegt an einer Vielzahl historischer, wissenschaftspolitischer und gesellschaftlicher Gründe. Die Einbindung der theologischen Fakultäten in das Gesamtsystem der staatlichen Universitäten bringt sie auch mit anderen Fächern in wechselseitigen Kontakt, das regt den interdisziplinären Austausch an. Außerdem gelten für die Theologie die gleichen rechtlichen Regeln bei der Selbstverwaltung, bei den hochschuldidaktischen Standards und staatlich erlassenen Normen für die Arbeit mit Studierenden. Der Staat kann außerdem bei der Lehrerausbildung die gleichen pädagogischen Anforderungen stellen, die auch für die anderen Schulfächer gelten. Prüfungs- und Studienordnungen sind vergleichbar mit denen anderer universitärer Studiengänge. Die Lehrenden sind dem Grundgesetz verpflichtet, Theolog:innen an staatlichen Universitäten können sich aber auch, wie ihre Kolleg:innen in anderen Fächern, auf die in der Verfassung garantierte Wissenschaftsfreiheit berufen. Dies garantiert Art. 5 Abs. 3 GG: »Kunst und Wissenschaft, Forschung und Lehre sind frei. Die Freiheit der Lehre entbindet nicht von der Treue zur Verfassung.« Eine immer größere Rolle spielt die Ausbildung islamischer Religionsdiener und Religionslehrer:innen an staatlichen Universitäten im Sinne der Gleichbehandlung mit den einst dominierenden christlichen Religionsgemeinschaften. Damit erkennt der Staat an, dass sich die Kräfteverhältnisse zugunsten des Islams verschoben haben. Er will freilich auch verhindern, dass zweifelhafte »Koranschulen« religiöse Indoktrination betreiben und die muslimische Community von den Werten einer liberalen und demokratischen Gesellschaft entfremden.

Die unbefristet Lehrenden an den theologischen Fakultäten staatlicher Universitäten bewegen sich auf einem komplizierten Terrain. Sie sind zwar in der Regel staatliche Beamt:innen, üben aber ein konfessionell gebundenes Staatsamt aus. Niemand kann auf eine Professur einer theologischen Fakultät berufen werden, wenn nicht die entsprechende Kirche oder die betreffende Religionsgemeinschaft nach ihren inneren religiös aufgeladenen Normen dieser Berufung zugestimmt hat. So verhält es sich auch bei der Einstellung von Religionslehrer:innen, die nur mit einer *missio canonica* von der katholischen Kirche und einer *vocatio* einer evangelischen Kirche vom Staat angestellt und an den Schulen für dieses Fach eingesetzt werden können. In gleicher Weise wirken die Kirchen und Religionsgemeinschaften auch bei den Inhalten der schulischen und universitären Lehre mit. Der Staat ist religiös unmusikalisch und muss sich bei den Inhalten neutral verhalten, weil er ansonsten gegen die Religionsfreiheit verstoßen würde.

Was nun die katholische Kirche angeht, zu der ich gehöre und in deren Auftrag und Namen ich lehre, kommen Besonderheiten hinzu, die es Theologielehrenden in ihrem privaten und beruflichen Leben nicht immer leicht machen. Gemeinhin würde man denken, dass für die Berufung in ein akademisches Lehramt ausschließlich wissenschaftsimmanente Kriterien den Ausschlag geben sollten. Die Hochschulgesetze der Bundesländer schreiben Bestenauslese vor, benennen Kriterien wie Drittmittelstärke, Verbreitungsbreite der Publikationen, internationale Vernetzung, exzellente Lehre und Forschung und die Fähigkeit zum interdisziplinären Austausch. Kein Bereich an einer Universität soll sich in einer eigenen Wagenburg abschotten von universitären Diskussionsprozessen und gesellschaftlich relevanten Entwicklungen. Das gilt auch für die Theologien an Universitäten. Dennoch treten bei der Mitwirkung der katholischen Kirche noch wissenschaftsfremde Aspekte hinzu. Die Bewerber:innen für eine Professur müssen sich in ihrem Schrifttum und in ihren anderen öffentlichen Aussagen, etwa auch in den sozialen Medien, durch Rechtgläubigkeit und einen persönlichen Lebenswandel auszeichnen, der mit der katholischen Hochmoral kompatibel ist. Dies führt nicht selten dazu, dass katholische Nachwuchstheolog:innen in den Jahren der Promotion und Habilitation sehr genau darauf achten, welches Thema sie auf welche Weise bearbeiten, um nicht schon durch ihre Forschungsschwerpunkte mit dem katholischen Lehramt in Konflikt zu geraten. Das galt lange Zeit während des Ewigkeitspontifikates von Papst Johannes Paul II. und seinem treuen Glaubenswächter Joseph Kardinal Ratzinger vor allem im Bereich der Sexualmoral. Es grenzte schon an akademischen Selbstmord, über Themen wie Homosexualität oder künstliche Empfängnisverhütung zu arbeiten, weil noch kleinste Abweichungen oder leise Infragestellungen lehramtlicher Positionen, wie sie zum Beispiel im Katechismus der katholischen Kirche hinterlegt sind, ausreichten, um gerade begonnene wissenschaftliche Karrieren zu zerstören. Ein berühmtes Beispiel ist die Tübinger Ethikerin Regina Ammicht Quinn, die an der Katholisch-Theologischen Fakultät in Tübingen in Ethik promovierte und habilitierte. Ihre Habilitation handelt über das Thema »Körper, Religion und Sexualität«[1] und wurde ihr zum Verhängnis. Trotz mehrerer Rufe auf Lehrstühle verweigerte ihr die Kirche das *Nihil obstat* (wörtlich: Es steht nichts entgegen), das notwendig ist, um vom Land berufen zu werden. Heute leitet diese herausragende Ethikerin das Internationale Zentrum für Ethik in den Wissenschaften (IZEW) an der Universität Tübingen, das weit über Deutschland hinaus hohes Ansehen in der Fachwelt genießt. Die Kirche kann also wissenschaftliche Karrieren gefährden, wenn sie ihre eigenen Lehrparameter anlegt und dabei die wissenschaftliche Exzellenz einer Forscherin schlichtweg ignoriert.

Das wirft ein Licht auf die faktische und rechtliche Ambivalenz einer eigentlich wissenschaftspolitisch sinnvollen und komfortablen Einbindung der Theologien in die staatlichen Universitäten. Die Berufung auf einen theologischen Lehrstuhl ist eine sogenannte gemeinsame Angelegenheit von Staat (hier die Bundesländer) und Kirchen. Die Mitwirkungsrechte der Kirchen sind auf katholischer Seite in Konkordaten, auf evangelischer Seite in Staatskirchenverträgen geregelt. Wie weit die Einflussnahme der katholischen Kirche geht, lässt sich am Preußenkonkordat aus dem Jahr 1929 gut ablesen. Im Zusatzprotokoll zu Art. 12 wird festgestellt, dass bei Berufungen auf einen Lehrstuhl der jeweils zuständige Bischof anzuhören ist, ob er begründete Einwände gegen Lehre und Lebenswandel vorträgt oder nicht. In gleicher Weise kann der Bischof eine Abberufung fordern, wenn die betreffende Person gegen die Lehre der Kirche handelt beziehungsweise einen schweren Verstoß in der priesterlichen Lebensführung begeht, wenn also etwa ein Priester, der Professor ist, zivilrechtlich heiratet. Seinerzeit unterrichteten ausschließlich Priester als Professoren. Der Freistaat Preußen und die Bundesländer, die seine Rechtsnachfolge angetreten haben, verpflichten sich für diesen Fall, Abhilfe zu schaffen und – und das ist fiskalisch wichtig – für die entfallende Lehre für Ersatz zu sorgen. Konkret bedeutet dies, dass ein Lehrender aus der Fakultät entfernt wird und dort nicht mehr lehren und prüfen kann, aber als verbeamteter Hochschullehrer weiter vom Land alimentiert werden muss. Gleichzeitig muss die Professur neu besetzt werden, also eine weitere Haushaltsstelle eingerichtet oder aus einer anderen Fakultät der Universität umgewidmet werden, weil Planstellen im Haushalt definiert sind und nicht freihändig ohne Beschluss der Länderparlamente ausgeweitet werden dürfen. Solche Fälle kamen und kommen immer wieder vor. In jüngeren Konkordaten wie zum Beispiel mit dem Freistaat Sachsen aus dem Jahr 1994 ist zurückhaltender davon die Rede, dass der zuständige Minister für Abhilfe sorgen wird, ohne ausdrücklich eine direkte Ersatzstellung zu garantieren. Darüber finden dann Verhandlungen mit dem zuständigen Bischof statt. Im Zusatzprotokoll wird allerdings bei nichtpriesterlichen Lehrenden darauf verwiesen, dass die Bischöfe auch deren Lebenswandel beanstanden können, wenn er nicht mit den Ordnungen der Kirche übereinstimmt. Spannend wird in nächster Zukunft zu beobachten sein, ob die Lockerungen im kirchlichen Arbeitsrecht und wohl auch bei der Vergabe der *missio canonica* an katholische Religionslehrer:innen auch bei Professor:innen zu Erleichterungen im Blick auf ihr persönliches Leben führen werden, wenn sie beispielsweise nach staatlichem Recht in Deutschland in einer gleichgeschlechtlichen Ehe leben. Heute noch müssen alle Steuerzahler:innen den Preis dafür zahlen, wenn ein Bischof eine Abberufung fordert und eine Nachfolge berufen werden muss, um den Lehrbetrieb aufrechtzuerhalten.

Wer nun glaubt, die einzelnen Bischöfe seien hier frei und könnten eigenständig handeln, übersieht, dass sie sich auch gegenüber Rom verantworten müssen. Soll eine Frau oder ein Mann erstmalig als Professor:in der katholischen Theologie auf Lebenszeit berufen werden, braucht es eben nicht nur das bischöfliche, sondern auch das römische *Nihil obstat*. Zuständig ist das Dikasterium für Bildung in Rom, das aber nur seine Zustimmung erteilen darf, wenn die römische Behörde für die Glaubenslehre auch zustimmt. Erst einmal aber muss eine Kommission aus drei Bischöfen Lehre und Leben der Kandidat:innen auf Herz und Nieren prüfen. Zwischenfazit: Obwohl eine Wissenschaftlerin oder ein Wissenschaftler nach staatlichen Kriterien wissenschaftlicher Exzellenz durch eine Fakultät ausgewählt wird, konzediert der Staat der katholischen Kirche zusätzlich noch ein erhebliches Mitwirkungsrecht, dessen erhebliche Intransparenz Tür und Tor für wissenschaftsfremde Intrigen und Abstrafungen öffnet. Es gibt zwar ausgehandelte Verfahrensnormen für die Erteilung des römischen *Nihil obstat* und eigentlich auch eine Dreimonatsfrist, in der entschieden werden muss, aber nicht selten stehen diese Normen in der Praxis nur auf dem Papier. Da kann es schon mal vorkommen, dass gerade Frauen Bekenntnisse zu katholischen Glaubenslehren abverlangt werden, zu denen sie sich bisher noch nicht publizistisch geäußert haben. Das ist schlichte Willkür. Auch die Möglichkeiten, gegen einen ablehnenden römischen Bescheid innerkirchlich in Form einer Verwaltungsbeschwerde vorzugehen, entsprechen nicht einmal im Ansatz den rechtsstaatlichen Standards in verwaltungsgerichtlichen Verfahren vor einem deutschen Gericht. Die Intransparenz der römischen Verfahren sorgt auch dafür, dass missliebige Gutachter, deren Namen die Betroffenen nie erfahren, mit nicht selten fragwürdigen theologischen Gutachten wissenschaftliche Karrieren willkürlich verhindern können, bevor sie überhaupt beginnen konnten. Das gleiche Spiel gilt auch für die sogenannten Lehrbeanstandungsverfahren gegenüber einem Lehrer oder einer Lehrerin der Theologie. Der letzte bekannte Fall in Deutschland war wohl Hans Küng, der kritisch das Papstamt in Frage gestellt hatte, oder Eugen Drewermann in Paderborn, der inzwischen aus der Kirche ausgetreten und erfolgreich als Publizist tätig ist. Auch hier sind die Betroffenen, denen ein gravierender Verstoß gegen die Lehre der Kirche vorgeworfen wird, faktisch hilflos der Willkür der römischen Behörden ausgeliefert. Die beiden Eiszeitpäpste Johannes Paul II. und Benedikt XVI. waren sich auch nicht zu schade, Theolog:innen, die mit einer Lehre der Kirche Schwierigkeiten hatten, aufzufordern, ihre Zweifel zu verschweigen, vor allem aber nicht die Medien zu bemühen und stattdessen lieber zu beten. Wenn heute reaktionäre katholische Bischöfe wie Rudolf Vorderholzer in Regensburg oder Stefan Oster in Passau von Theologen fordern, sie sollten besser schweigen und beten oder eine Theologie auf Knien betreiben, dann fordern sie eine Art von theologischer Wissenschaft, die nur im Geflecht von lehramtlichem Befehl und professoralem Gehorsam gedacht wird.

Auch der sich gütig und großväterlich gebende Papst Franziskus hat in seinem neuen Hochschulrecht davon nicht wirklich Abstand genommen. Zwar spricht er in seinen einleitenden Worten vom Laboratorium der theologischen Forschung und Lehre, die nur im lebendigen Austausch mit anderen Fächern an den Universitäten gelingen können, arbeitet dann aber im normativen Teil mit deutlichen Verschärfungen. Während bei kirchlichen Hochschulen die gewählten Dekan:innen und Rektor:innen tatsächlich von Rom bestätigt werden müssen, ist dies für staatliche Universitäten mit einer Katholisch-Theologischen Fakultät undenkbar, weil es massiv in die Organisationsfreiheit einer staatlichen Fakultät eingreifen würde. Zurzeit laufen intensive Verhandlungen zwischen den deutschsprachigen Bischöfen und Rom, um in einem Akkommodationsdekret (ein Anpassungsgesetz) solche unbotmäßigen Avancen bei der Bestätigung der auf Zeit gewählten Dekan:innen zu verhindern. Nur zu gut erinnert man sich in Deutschland an eine üble Geschichte, die sich an der bereits erwähnten Hochschule der Jesuiten in Frankfurt am Main 2018 abgespielt hat. Deren Rektor, der Neutestamentler P. Ansgar Wucherpfennig SJ, ein frommer Jesuit und ausgewiesener Neutestamentler, hatte sich erdreistet, in fachwissenschaftlichen Beiträgen zu erörtern, dass die Heilige Schrift zum Thema Homosexualität keine relevanten Gründe liefert, diese Form der gelebten Sexualität zu verurteilen. Außerdem begrüßte er die Segnung gleichgeschlechtlicher Paare. Mit Unterstützung seiner Ordensleitung in Rom und seines für ihn zuständigen Bischofs Georg Bätzing in Limburg gelang es dann in langwierigen Verhandlungen, ihm doch das römische *Nihil obstat* zur Wiederwahl als Rektor zu ermöglichen. Aktuell verweigert Rom dem Brixener Moraltheologen Martin Lintner das *Nihil obstat* zur Wahl zum Dekan seiner theologischen Fakultät, weil er angeblich mit der katholischen Sexualmoral nicht zu vereinbarende Bücher geschrieben habe.

Die Bundesländer, die aus Steuergeldern theologische Fakultäten finanzieren, sehen sich aktuell vor verschiedene Herausforderungen gestellt: Können sie es auch im Blick auf die in nationales Recht überführten europäischen Antidiskriminierungsrichtlinien eigentlich noch länger zulassen, dass beispielsweise die katholische Kirche mit wissenschaftsfremden Kriterien massiv in Berufungsverfahren eingreifen kann, wenn etwa gleichgeschlechtlich Liebende und Lebende berufen werden sollen? Sollten die Kirchen bei Beanstandungen von Lehre und Leben von Lehrenden nicht selbst die Kosten für neue Planstellen aufbringen, damit die notwendige Lehre und Forschung in einem theologischen Fach aufrechterhalten bleibt? Und sollte man nicht auch einen Blick in die schütter besetzten Hörsäle der theologischen Fakultäten und Hochschulen werfen, wohin sich immer weniger Studierende verirren, deren Perspektiven sich zunehmend verdüstern, wenn immer mehr Menschen die Kirchen verlassen und immer weniger Kinder getauft werden? Kann es angehen, dass die Bischöfe auf die eigenen theologischen Fakultäten vor ihrer Haustür pochen, obwohl sie angesichts geringer Auslastung gegenüber dem Steuerzahler nicht mehr zu rechtfertigen sind? Nun könnte man einwenden, ein Professor der katholischen Theologie säge mit diesen Anfragen den Ast ab, auf dem er sitzt. Aber es kommt mir nicht sinnvoll vor, auf Verträge zu pochen, die unter völlig anderen Voraussetzungen geschlossen wurden. So redlich sollten beide christlichen Kirchen mit der Frage nach der Zahl und Ausstattung theologischer Fakultäten und Institute schon umgehen.

Dazu mag auf den ersten Blick nicht passen, dass konservative Bischöfe wie der Kölner Kardinal Woelki keine Kosten und Mühen scheuen, um in eigener Trägerschaft eine eigene Theologische Hochschule in Köln zu betreiben, obwohl ihm zumindest momentan die Mittel dafür zu fehlen scheinen. Diesen Coup konnte er landen, weil er in einer Art Husarenstreich die Theologische Hochschule der Steyler Missionare in St. Augustin kaperte, um sie mit Zustimmung Roms nach Köln zu holen. Die Besonderheit im Verhältnis von Staat und Kirche in Nordrhein-Westfalen liegt nun darin, dass das Preußenkonkordat aus dem Jahr 1929, in dessen Rechtsnachfolge dieses Bundesland getreten ist, völkerrechtlich bindend vorschreibt, dass die Kölner Priesteramtskandidaten an der Katholisch-Theologischen Fakultät an der staatlichen Universität in Bonn studieren müssen (Art. 12 Abs. 1 PK). Angesichts von Protesten aus dem Erzbistum Köln gegen die Etablierung einer erzbischöflich getragenen theologischen Hochschule, in der eine streng lehramtstreue Kaderschule entstehen soll, gab es auch kritische Stimmen aus der Politik. Im September 2022 ließ die Wissenschaftsministerin Ina Brandes den Kardinal wissen, dass sie ihm wegen seiner Pflichten aus dem Preußenkonkordat verbiete, seine Priesteramtskandidaten zukünftig in Köln und nicht in Bonn ausbilden zu lassen. Für den Fall der Zuwiderhandlung drohte sie mit der Einleitung eines Vertragsverletzungsverfahrens beim Heiligen Stuhl. Diese ungewöhnlich deutliche Reaktion auf der Ebene völkerrechtlicher Argumentation verfehlte insofern ihr Ziel nicht, weil Woelki seitdem bemüht ist klarzustellen, dass die Kölner Priesteramtskandidaten weiterhin in Bonn studieren werden. Obwohl in der Staatskanzlei beim katholischen Ministerpräsidenten Hendrik Wüst und seinem Leiter der Staatskanzlei, dem nicht minder katholisch-konservativen Nathanael Liminski, der Kirche wohlwollende Politiker arbeiten, zerplatzten auch die Seifenträume des Kölner Kardinals, Zuschüsse aus staatlichen Steuermitteln für seine aktuell augenscheinlich noch unterfinanzierte theologische Kaderschmiede zu bekommen. In diese Finanzmisere geriet der Kardinal, weil die Gelder aus dem Bischöflichen Stuhlvermögen aufgebraucht sind, die errichtete Stiftung keine zahlungskräftigen Gönner finden konnte und der eigene Wirtschaftsrat der Erzdiözese nur noch für ein Jahr Finanzmittel für den Betrieb der eigenen kirchlichen Hochschule genehmigte und Woelki aufforderte, Ausstiegsszenarien vorzulegen. Wie verzweifelt inzwischen der Kölner Erzbischof agiert, zeigt sich auch daran, dass er seine im Volksmund »Woelkihochschule« genannte theologische Hochschule als pastoralen Schwerpunkt der Erzdiözese deklariert. Damit kann der Wirtschaftsrat kein Veto einlegen, weil die Kompetenz zur Festlegung von pastoralen Schwerpunkten und seiner finanziellen Ausstattung beim Erzbischof liegt. Angesichts der hohen Austrittszahlen in diesem Erzbistum und den damit verbundenen Ausfällen bei der Kirchensteuer bleibt die Erzdiözese zwar weiterhin eine sehr wohlhabende Institution, aber für den laufenden Haushalt, der zu großen Teilen kirchensteuerfinanziert ist, werden nun deutliche Finanzlöcher auftreten. Nur so ist zu verstehen, dass man beginnt, Einrichtungen wie Pfarrbibliotheken, die auf dem Land immer noch eine soziale Bedeutung aufweisen, zu schließen oder ein Katholisches Mädchengymnasium in Bonn aufzugeben. Die Gläubigen im Erzbistum zahlen einen hohen Preis für das Prestigeobjekt des Kardinals, das quer zur staatlichen Finanzierung der Katholischen Theologie an den drei Standorten Bonn, Münster und Bochum steht. Das Beispiel Bochum als jüngste der drei Katholisch-Theologischen Fakultäten in Nordrhein-Westfalen zeigt, wie sehr es in diesem Fall dem ehemaligen natürlich katholischen Ministerpräsidenten Armin Laschet von der CDU am Herzen lag, die Theologie an den staatlichen Universitäten dauerhaft zu belassen. Bochum war gefährdet, nachdem der Bischof von Essen, Franz-Josef Overbeck, seine Seminaristen künftig in Münster Theologie studieren lassen wollte. In wohlwollenden Verhandlungen erklärte sich das Land Nordrhein-Westfalen in der Person von Armin Laschet bereit, der Ruhr-Universität-Bochum die notwendigen Stellen und Finanzmittel zur Verfügung zu stellen, damit dort weiterhin die Katholische Theologie im Vollstatus einer Fakultät existieren kann.

Freilassung:
Für eine zivilgesellschaftliche
Vielfalt mit den Kirchen

Was haben die Kirchen überhaupt noch
zu sagen?

Arbeitsrecht, Wissenschaft, Kirchensteuer, Vermögensrecht
und Staatsleistungen, Bildung, Pflege und medizinische Versorgung: Wie können sich Staat und Kirche aus ihrer unheiligen Allianz befreien? Ein Gedankenexperiment kann
verdeutlichen, wie sehr beide Institutionen wechselseitig voneinander abhängig sind. Angenommen, alle evangelischen
Landeskirchen und katholischen Bistümer würden von heute auf morgen mangels ausreichender Kirchensteuereinnahmen die Trägerschaft von Kindertagesstätten und Schulen an
den Staat zurückgeben, der rechtlich verpflichtet ist, für diese Grundversorgung seiner Bevölkerung aufzukommen. Ein
Volksaufstand der Eltern und Schüler:innen würde ausbre-
chen. Viele Eltern wüssten nicht mehr, wo ihre Kinder tags-
über versorgt und in die Schule gehen würden, ganze Berufs-
planungen kämen ins Wanken, wichtige Teile der sozialen
Infrastruktur brächen zusammen. Natürlich könnten Kommunen und Bundesländer versuchen, diese Einrichtungen zu
übernehmen, was ihnen aber ziemlich teuer zu stehen käme.
Die Konsequenz wären Steuererhöhungen und die Anhebung
von Gebührensätzen. Das will man sich gar nicht vorstellen,

und mit solchen Drohungen gehen die Kirchen auch nicht in die einschlägigen Verhandlungen. Aber dieses Zukunftsszenario ist nicht so abwegig, wie es scheinen mag. In Rheinland-Pfalz sind nach der Verabschiedung eines neuen Kita-Gesetzes die Verhandlungen der kommunalen Spitzenverbände mit den freien Trägern der Wohlfahrtspflege über die Refinanzierung der von ihnen getragenen Kindertagesstätten krachend gescheitert. Über die Hälfte der 2200 Kitas in Rheinland-Pfalz werden von den beiden großen Kirchen getragen. Nun muss jede einzelne Kommune versuchen, mit jedem freien Träger über die Refinanzierung zu verhandeln. Dabei geht es nicht nur um die Personalkosten, sondern vor allem um den Bauunterhalt. Man kann sich vorstellen, wie schwierig diese Verhandlungen verlaufen werden, die durch ein fehlendes Kindertagesstättengesetz in diesem Bundesland noch zusätzlich erschwert werden. Was die Lage der Kliniken betrifft, sei noch einmal an Städte wie Trier oder Paderborn erinnert, wo es nur noch katholische Krankenhäuser gibt, die sicherlich eine exzellente Arbeit leisten und hohes Ansehen in der Bevölkerung genießen. Was machen in diesen Regionen aber Menschen in den medizinischen Berufen, die nicht bei einem konfessionellen Träger arbeiten wollen? Wie gut fühlen sich Patient:innen ohne religiöse Bindung in solchen Häusern aufgenommen und verstanden?

Die Analyse der Vernetzung von Kirche und Staat macht eine irritierende Dichotomie sichtbar. Einerseits können beide Kirchen immer weniger grundlegende, ethisch aufgeladene gesellschaftsbezogene Themen politisch beeinflussen. Aus dieser Perspektive sind sie für die meisten Parteien wahltaktisch offenbar nicht mehr relevant. Im Rahmen der Diskussion über die Abschaffung des § 218a hat Familienministerin Lisa Paus (Bündnis 90/Die Grünen) eine Kommission eingesetzt, um die rechtlichen Fragen zu klären. Zu Zeiten von Helmut Kohl und Angela Merkel hätten in dieser Kommission Vertreter:innen der beiden Kirchen gesessen. Heute nicht mehr. Auch in der von Bundesgesundheitsminister Karl Lauterbach (SPD) eingesetzten Kommission zur reproduktiven Selbstbestimmung und Fortpflanzungsmedizin sind keine kirchlichen Vertreter:innen eingeladen worden wie auch – was mehr als bedenklich ist – keine Vertreter:innen der Behindertenverbände. In gleicher Weise muss die evangelische Kirche erkennen, dass ihre kritischen friedensethischen Einwürfe die Berliner Politik im Ukrainekrieg wenig beeindruckt haben. Augenscheinlich ist die Expertise der Kirchen in diesen gesellschaftspolitisch umstrittenen und ethisch hochaufgeladenen Themenfeldern, bei denen es um Anfang und Ende des menschlichen Lebens geht, nicht gefragt und politisch nicht erforderlich. Auf der anderen Seite werden Landes- und Kommunalpolitiker:innen nicht müde, die Kirchen für ihr Engagement im Sozial- und Bildungsbereich zu loben. Natürlich fällt unter dieses Lob auch das bürgerschaftliche Engagement der Kirchen und ihrer vielen Ehrenamtlichen für Geflüchtete und Migranten. Diese Ungleichzeitigkeiten in der politischen Wahrnehmung der Aktivitäten der Kirchen markieren eine Phase des Übergangs. Noch ist es nicht politisch opportun, mit den Kirchen vollständig zu brechen, vor allem auf der Ebene der Länder und der Kommunen, weil man auf das Engagement der Kirchen auf dem Gebiet der Bildung, der Gesundheit und der Pflege nicht verzichten kann, während auf Bundesebene die Regierungsparteien offenbar immer weniger Rücksicht auf die Belange der Kirchen nehmen. In dieser Lage wirkt es geradezu berührend und aber auch trostlos, wie die beiden Köpfe der kirchlichen Büros in Berlin bei öffentlichen Stellungnahmen nunmehr betonen, wie sehr ihr seelsorgliches Wirken bei Politiker:innen geschätzt werde. Anne Gidion, Prälatin der EKD bei der Bundesregierung, verweist auf die vielen Antrittsbesuche bei Politiker:innen – ausgerechnet der Kanzler hat keine Zeit für sie – und bezeichnet sich dann als Pastorin der Bundestagsgemeinde, für den Bundestag habe sie sogar einen Hausausweis. Später lobt sie die von ihr angebotenen Gottesdienste als »heilsame Unterbrechungen«, zählt dazu auch den Gedenkgottesdienst für den verstorbenen ehemaligen Papst Benedikt XVI. – der allerdings nachweislich katholisch war – und unterstreicht, wie sehr sie als Seelsorgerin in Vier-Augen-Gesprächen gefordert sei, in denen sich Politiker:innen ohne öffentlichen Druck einfach mal so geben könnten, wie sie nun mal sind.[1] Um nicht missverstanden zu werden: Es gibt Interviews mit Prälat Dr. Karl Jüsten vom Katholischen Büro in Berlin in der genau gleichen Diktion, und auch auf Länderebene werden die priesterlichen Leiter der Katholischen Büros nicht müde, ihre originär seelsorgliche Arbeit für den politischen Apparat herauszustellen. Das mag gut und wichtig sein, demaskiert und übertüncht zugleich aber doch die dahinterliegende Tendenz, dass diese kirchlichen Lobbyist:innen ihren sinkenden Einfluss spüren und nun versuchen, ihn mit seelsorglichem Engagement auszugleichen. Menschlich mag das angehen, aber politisch können diese Auslassungen nicht kaschieren, dass es gerade auf Ebene des Bundes immer schlechter um die kirchliche Einflussnahme auf die Politik bestellt ist. Liest man entsprechende Äußerungen der beiden kirchlichen Büros genauer, wird deutlich, dass sie sich über ihre Lage keine Illusionen machen. Noch einmal die Prälatin Gidion: »Da ist die Politik wie auch die Kirche – und ich sage jetzt bewusst ›die Kirche‹ und meine das Gros – schon durch deutlich bessere Zeiten gegangen. Insofern geht es für mich immer wieder und gerade jetzt darum, vernünftige

Kontaktschnittstellen zu finden und zu sagen: Wir arbeiten gemeinsam daran, in dieser Gesellschaft Stabilität und Kohärenz zu schaffen und zu erhalten. Wir ringen darum, dass uns das Gemeinwohl nicht auseinanderfliegt. Da gibt es genug zu tun.«[2] In dieser Aussage wird einerseits deutlich, dass Staat und Kirchen bei den aktuell schwierig zu lösenden politischen Themen schon bessere Zeiten durchlaufen haben, andererseits erhebt die selbstbewusste Prälatin für ihre Kirche immer noch den Anspruch, einen essenziellen Beitrag für den Zusammenhalt und den Frieden der Gesellschaft zu leisten. Das erinnert von Ferne an Ernst-Wolfgang Böckenfördes Diktum, nach dem der freiheitliche, säkularisierte Staat von Voraussetzungen lebt, die er selbst nicht garantieren kann.[3] So verstehen sich die beiden Kirchen als sinnstiftende Thinktanks, liefern den ethischen Kitt, der die auseinanderdriftende Gesellschaft zusammenhält. Ernst-Wolfgang Böckenförde, Katholik und Mitglied der SPD, hat sich später selbstkritisch zu diesem häufig verwendeten Zitat geäußert, vor allem hat er die Fixierung auf die Kirchen als Sinnstifter de luxe nachdrücklich in Frage gestellt. Das hält aber bis heute hohe kirchliche Würdenträger und gelegentlich auch noch kirchenfreundliche Politiker:innen nicht davon ab, dieses Zitat zu bemühen, um einen letzten Rest von kirchlicher Bedeutsamkeit für das politische und gesellschaftliche Geschäft zu insinuieren.

Was folgt aus diesen grundsätzlichen Überlegungen? Verfassungsrechtlich Tabula rasa machen, also den Religionsgemeinschaften ihren besonderen Status aberkennen, um sie auf eine Stufe mit anderen zivilrechtlich agierenden Vereinigungen auf einer vereinsrechtlichen juristischen Ebene anzusiedeln, was offensiv agierende Organisationen wie die Giordano-Bruno-Gesellschaft nicht müde werden zu fordern und dabei den Eindruck erwecken, die Bundesrepublik Deutschland sei ein christlich-fundamentalistischer Gottesstaat? Oder geht es um religionspolitische Neujustierungen, die die religionsfreundliche Verfassung der Bundesrepublik Deutschland nicht verändern, wohl aber auf die gewandelten religiösen Mehrheitsverhältnisse und vielen neuen religiösen Player in Deutschland reagieren würden?

Hilft nur noch die Trennung?

Die Religionsfreiheit ist ein hohes Gut. Immer noch werden Menschen wegen ihrer Religion verfolgt, man denke an die muslimische Minderheit der Uiguren in China, an die Rohingya in Myanmar oder an die Christ:innen in Nordkorea und Afghanistan. Demokratische Verfassungsstaaten dagegen garantieren in ihren Verfassungen die Allgemeinen Menschenrechte der Vereinten Nationen vom 10. Dezember 1948. So heißt es im Grundgesetz: »Die Freiheit des Glaubens, des Gewissens und die Freiheit des religiösen und weltanschaulichen Bekenntnisses sind unverletzlich. Die ungestörte Religionsausübung wird gewährleistet« (Art. 4 Abs. 1 und 2 GG). In der ständigen Rechtsprechung des Bundesverfassungsgerichts ist die Auslegung des Art. 4 GG immer bedeutender geworden, der inzwischen in einem beständigen Grundrechteabgleich mit konkurrierenden Grundrechten neu justiert wird. Dieser schonende Abgleich zieht auch die religionsrechtlichen Bestimmungen der Weimarer Reichsverfassung mit ein, die über den Art. 140 GG ins Grundgesetz übernommen wurden. Das Geflecht religionsrechtlicher Bestimmungen ist noch vielfältiger, wenn man zum Beispiel an die Absicherung der Theologien an staatlichen Universitäten über Konkordate und Staatskirchenverträge denkt. Die jüngsten

Entwicklungen im kirchlichen Arbeitsrecht zeigen aber auch den wachsenden Einfluss des Europarechts auf die nationalen religionsrechtlichen Systeme in Europa, die immer noch von Staatskirchen in Griechenland über Kooperationsmodelle wie in Deutschland bis hin zur strikten Trennung wie in Frankreich reichen. Die lange Zeit religionsfreundliche Rechtsprechung der höchsten deutschen Gerichte muss lernen, damit umzugehen – auch wenn es schwerfällt. Vor allem die europarechtlichen Standards hinsichtlich effektiver legislativer Maßnahmen zur Sanktionierung wie Vermeidung jeglicher Diskriminierung können mit religiösen Grundrechtsansprüchen kollidieren. Der Verdacht einer schon immer »hinkenden Trennung von Staat und Kirchen« (Ulrich Stutz) ist den europäischen Gerichten ein Dorn im Auge. Klarheit ist geboten, wenn ein Land wie die Bundesrepublik Deutschland eben nicht mehr in großen Teilen christlich geprägt ist und ganz unterschiedliche religiöse und weltanschauliche Gruppierungen Rechte beanspruchen. Man würde das Kind mit dem Bade ausschütten, wenn man an der grundsätzlich religionsfreundlichen Verfassung der Bundesrepublik Deutschland trotz des steigenden Anteils religionsloser Bürger:innen Abstriche vornehmen würde, was bei Art. 4 GG schon verfassungsrechtlich ausgeschlossen ist. Dass Menschen in einem Land ohne Angst und ohne Einschränkung ihren Glauben leben, nach außen tragen und auch öffentlich zeigen dürfen, ist ein Markenkern einer von den Allgemeinen Menschenrechten bestimmten Demokratie. Daran sollte niemand rütteln. Dies schließt logisch mit ein, dass auch die negative Religionsfreiheit gilt, dass niemand religiös glauben muss und dabei keine Nachteile erfahren darf. In der Rechtsprechung des Bundesverfassungsgerichtes galt lange Zeit der ungeschriebene Grundsatz, dass die positive Religionsfreiheit nicht der negativen

Religionsfreiheit weichen darf. Dahinter stand der Gedanke wie bei allen Grundrechten wie zum Beispiel der Meinungsfreiheit, dass sie ihren vollständigen Sinn gerade dann entfalten, wenn Bürger:innen sie positiv als freie Menschen in Anspruch nehmen. Damit ist die Freiheit des Glaubens und des Gewissens der Prüfstein für eine demokratische Verfassung und Gesellschaft, ob sie es ernst meint mit den Menschenrechten. Wenn Menschen ihren Glauben angstfrei leben können, steht es gut um eine Gesellschaft, wenn nicht, wird man sich auch über die anderen Grundrechte begründet Sorgen machen müssen. Das erfordert von allen Beteiligten eine innere Toleranz und Bereitschaft, auch das scheinbar Fremde, das Irrationale jeder Religion zu akzeptieren und zu tolerieren, solange nicht durch die Religion die Verfassung selbst und damit die anderen Menschenrechte grundlegend in Frage gestellt werden. Eine Staatskirche oder irgendeine andere Staatsreligion darf es auf deutschem Boden nie mehr geben. Dies muss auch meine Kirche, die römisch-katholische Kirche, die für sich reklamiert, die wahre Kirche Jesu Christi zu sein, jeden Tag aufs Neue lernen. Und sie sollte heute nicht für sich in Anspruch nehmen, die Religionsfreiheit erfunden zu haben. Das Gegenteil ist der Fall: Bis zum II. Vatikanum (1962–1965) und seiner Erklärung über die Religionsfreiheit verurteilten die Päpste des 19. und 20. Jahrhunderts die Forderung nach Religionsfreiheit aufs Schärfste, unüberbietbar erkennbar am Syllabus errorum, der Aufzählung der größten Irrtümer der Menschheitsgeschichte durch Papst Pius IX. im Jahr 1864. In der Nr. 79 dieses päpstlichen Papiers wurde folgende Meinung als Irrtum verdammt: »Denn es ist falsch, dass die bürgerliche Religionsfreiheit sowie die volle, für alle gewährleistete Befugnis, frei und offen irgendwelche Meinungen und Gedanken kundzutun, leicht dazu führe, Geist und Sitte der Völker zu verderben und die Seuche der Gleichgültigkeit zu verbreiten.« Seine Vorgänger hatten sogar noch von der Pestilenz der Forderung nach Religionsfreiheit gesprochen. Heute versucht die katholische Kirche den Eindruck zu erwecken, sie hätte sich als Erste die Religionsfreiheit auf die Fahnen geschrieben. Dabei verurteilte sie noch bis zur Mitte des 20. Jahrhunderts eine für alle Menschen geltende Religionsfreiheit.

Was es braucht, ist einerseits eine konsequente Garantie der Religionsfreiheit und andererseits eine stärkere Gleichbehandlung aller Religionsgemeinschaften im Sinne der verfassungsrechtlichen Parität, das heißt der grundsätzlichen Gleichbehandlung aller Religionsgemeinschaften. Und es ist, obwohl das Wort Religionspolitik einen negativen Klang im Blick auf totalitäre Staaten zu haben scheint, notwendig, aktive Religionspolitik durch den Staat zu fordern. Sie beginnt bei den skizzierten menschenrechtlich konnotierten Grundrechtsansprüchen der Verfassung, geht dann aber im Alltag über zu ganz handfesten Erwägungen hinsichtlich Feiertagsregelungen, Respekt vor religiös bestimmter Kleidung auch im Alltag wie Kreuze, Kippa oder Kopftuch oder besonderen Speise- und Reinheitsgeboten, die gerade die abrahamitischen Weltreligionen (Judentum, Christentum und Islam) kennen und für ihre Mitglieder vorschreiben. Religionspolitisch ist darauf zu achten, dass aus einer hinkenden Trennung eine wirkliche Trennung wird, die nicht ausschließt, dass Staat und Religionsgemeinschaften freiwillig kooperieren, wenn beide Seiten es wollen. Die Zeiten der Monopolstellung der beiden christlichen Kirchen ist vorbei. Sie müssen sich stärker dem religiösen Wettbewerb und der Gleichbehandlung mit anderen Religionsgemeinschaften stellen. Eine Ewigkeitsgarantie auf eine bevorzugte Behandlung durch den Staat gibt es nicht mehr für sie.

Religiöse Pluralität und Diversität der Träger

Es dürfte deutlich geworden sein, wie über die Jahrzehnte der Staat den Kirchen immer mehr Einrichtungen in kirchlicher Trägerschaft übergeben hat. Das macht auch irgendwie Sinn, denn die institutionelle und fachliche Erfahrung der einst beiden großen Kirchen mit ihrem im Ergebnis nicht zu unterschätzenden Engagement der Ehrenamtlichen in den Kirchenvorständen der Kirchengemeinden und anderen kirchlichen Institutionen schafft strukturelle Sicherheit und ist auch unbezahlbar. Jede/r Bürgermeister:in freut sich, wenn die Kirchen als Partner fungieren und keine freien Elterninitiativen, denen es an Konstanz und Erfahrung zu mangeln scheint. Und doch ist es eine gefährliche Hängematte und nur scheinbar eine sichere Bank. Auch wenn das kirchliche Arbeitsrecht wie gezeigt aktuell reformiert wurde, werden die Kirchen als Arbeitgeber, da sie Tendenzbetriebe sind, immer unattraktiver. Zudem schreiben die staatlichen Gesetze, zum Beispiel bei der Schwangerenkonfliktberatung, eine bestimmte Diversität der Träger vor, damit die Betroffenen wirklich eine Auswahl bei der Suche nach einer für sie passenden Einrichtung haben. In Deutschland gibt es in aller Regel in allen Bundesländern folgende sechs großen Wohlfahrtsverbände: 1. Caritasverband; 2. Diakonisches Werk; 3. Zentralwohlfahrtsstelle der Juden in Deutschland (diese drei sind die konfessionell gebundenen Träger); 4. Paritätischer Wohlfahrtsverband; 5. Arbeiterwohlfahrt und 6. Deutsches Rotes Kreuz (die letzten drei großen Verbände sind nichtkonfessionell gebunden).[4] Im Grunde dominieren diese sechs Wohlfahrtsverbände den Markt in Pflege, Krankenhäusern und Jugendhilfe wie aber auch beim Betrieb von Kindertagesstätten und zum Teil Schulen. Kleinere, freie Träger haben es hier nicht immer ganz

einfach. Seit 2016 haben die sieben großen islamischen Dachverbände in Deutschland (Türkisch-Islamische Union der An-
stalt für Religion e. V. DITIB; Islamrat für die Bundesrepublik
Deutschland e. V. IRBD; Verband der Islamischen Kulturzen-
tren e. V. (VIKZ); Zentralrat der Muslime in Deutschland e. V.
(ZMD); Islamische Gemeinschaft der schiitischen Gemeinden
Deutschlands e. V. (IGS); Islamische Gemeinschaft der Bos-
niaken in Deutschland e. V. (IGBD); Zentralrat der Marokka-
ner in Deutschland) einen eigenen Wohlfahrtsverband mit
der Bezeichnung »Islamisches Kompetenzzentrum für Wohl-
fahrtswesen (IKW e. V.)«[5] gegründet. Dieses Zentrum soll
die verschiedenen Moscheegemeinden beraten, bei ihrer Zusammenarbeit mit den kommunalen Behörden, insbesondere in der Jugendhilfe. Als weitere Ziele werden die Beratung
rund um den bundesweiten Aufbau von islamischen Sozial-
und Beratungszentren und die Unterstützung der islamischen
Religionsgemeinschaften und Gemeinden beim Aufbau von
Wohlfahrtsstrukturen genannt. Die nähere Zukunft wird zeigen, ob es den zerklüfteten und in viele Gruppen aufgeteil-
ten islamischen Glaubensrichtungen in Deutschland gelingen
wird, gegenüber den staatlichen Organisationen eine geord-
nete und auf unbestimmte Zeit sichere Infrastruktur aufweisen zu können, die sie als verlässliche Träger auszeichnet. Bei
den islamischen Kindertagesstätten, von denen es vor allem
in Berlin schon einige Einrichtungen gibt, wird man abwar-
ten müssen, inwiefern dieses Phänomen zunimmt und vor allem, ob sie allen Kindern gleich welcher Religion und Weltanschauung offenstehen. Bei den Schulen gibt es in Berlin eine
staatlich anerkannte private islamische Grundschule und im
immer schon aufgrund seiner k. u. k. Vergangenheit mit muslimischen Bevölkerungsanteilen auf dem Balkan islamaffineren
Österreich sogar ein Internationales islamisches Gymnasium.

Noch kann man aber nicht davon sprechen, dass es für den wachsenden Anteil an muslimischen Bürgerinnen und Bürgern in Deutschland eine adäquate Trägerstruktur in den beschriebenen Bereichen gibt. Insbesondere, was die Versorgung in den Krankenhäusern angeht, braucht es in Zukunft bessere Angebote im Hinblick auf Speisevorschriften, aber auch religiös motivierte Pflegevorschriften, und auch bei der Bestattung auf kommunalen oder kirchlichen Friedhöfen, die als Simultanfriedhöfe fungieren, gilt es, die besonderen Regeln des Islams zu beachten. Diese wenigen Hinweise verdeutlichen, dass der Transformationsprozess der Trägerstruktur beziehungsweise der sechs großen Player bei den anerkannten Wohlfahrtsverbänden hinsichtlich der signifikanten Pluralisierung der religiösen und weltanschaulichen Zusammensetzung der Gesamtbevölkerung erst – wenn überhaupt – am Anfang steht. Und sicher können hier auch nicht einfach im Modus von Befehl und Gehorsam gewachsene Trägerstrukturen von jetzt auf gleich beendet und an neue Träger übergeben werden beziehungsweise wieder in die Hand der staatlich zuständigen Behörden zurückgegeben werden. Für alle Beteiligten in diesem großen Deal steht viel auf dem Spiel: Stabilität in wesentlichen Bereichen der Grundversorgung der Bevölkerung, Marktanteile und damit auch merkantile Aspekte, wenngleich man keine Gewinne erzielen möchte und auch rechtlich nicht darf, gesellschaftspolitische Macht und damit verbundene Einflussmöglichkeiten auf Gesetzgebungsvorhaben in den Bereichen, wo man als Wohlfahrtsverbände engagiert ist, Ansehen in der Bevölkerung, Prägung der heranwachsenden Generation im Bildungsbereich und der bleibende Anspruch auf gesellschaftliche Relevanz als zivilgesellschaftlicher Akteur. Insofern sind auch die politischen Akteure nicht wirklich frei, weil sie zum einen noch immer selbst entweder Mitglieder beider Kirchen oder bei einem säkularen Verband wie der Arbeiterwohlfahrt SPD-Parteimitglied sind und implizite oder explizite eigene Erwartungen bedienen möchten, gleichzeitig aber bei diesen Formen der Daseinsfürsorge keine Lücken im Angebot entstehen lassen dürfen. Eine klassische Dilemmasituation beziehungsweise Zwickmühle, die es nicht einfach erscheinen lässt, wirklich konsequent und bewusst dieses komplizierte Feld anzupacken. Man darf davon ausgehen, dass die großen Verbände genau um diese Implikationen und unausgesprochenen Abhängigkeitsverhältnisse wissen.

Können kirchliche Einrichtungen
vor Verlust an Relevanz retten?

Eng verbunden mit der realpolitischen Macht der kirchlichen Wohlfahrtsverbände steht innerkirchlich die heikle Frage im Raum, mit welchem Engagement angesichts einer selbst verschuldeten Vertrauenskrise beide Kirchen überhaupt noch in der Zivilgesellschaft punkten können. In einer aktuellen Forsa-Umfrage vertrauen nur noch 8 Prozent der Bevölkerung der katholischen Kirche, auch der Papst ist um zehn Prozentpunkte auf 16 Prozent Zustimmung gefallen, während die evangelische Kirche mit immer noch 31 Prozent und das Judentum mit 38 Prozent Zustimmung der Bevölkerung deutlich bessere Zahlen aufweisen, wenngleich aus der evangelischen Kirche dennoch 2022 über 360 000 Gläubige ausgetreten sind. Demgegenüber wies 2003 eine Fachstudie aus, dass über 60 Prozent der Bevölkerung nicht nur mit der Caritas in Berührung gekommen sind, sondern auch ihre Arbeit sehr schätzen. Interessant ist eine weitere Studie aus dem Jahr 2013, in der über 94 Prozent der befragten Studierenden angaben, die Caritas zu kennen. An diesen Zahlen, die in gleicher Weise für die Diakonie gelten, wird deutlich, dass selbst in der jüngeren Bevölkerung Caritas und Diakonie immer noch einen guten Klang aufweisen und auf breite Akzeptanz stoßen. Man könnte fast die These aufstellen, dass zwar die verfasste Kirche mit Bischöfen, Pfarrern und ihren Gremien jeglichen Rückhalt in der Bevölkerung verloren hat; dass aber, da die wirklich zählende Münze »Vertrauen« in kirchlichen Kontexten der eigentliche Existenzgrund von Kirche ist, die Kirche über ihre karitativen Einrichtungen trotz ihres institutionellen Komplettdesasters einen Rest von Glaubwürdigkeit behält, indem ihre karitativen Einrichtungen und vielen Haupt- und Ehrenamtlichen ein Gesicht von Kirche anbieten, das weiter gerne gesehen und angenommen wird. Dies gilt in etwas abgeschwächter Weise auch für die evangelische Kirche, die als Institution auch in ihrer scheinbaren öffentlichen Zurückhaltung und blassen Kontur weniger skandalträchtig zu wirken scheint, im Hinblick auf ihre zahlreichen Einrichtungen der Diakonie und das in gleicher Weise beeindruckende Engagement der unzähligen ehren- wie hauptamtlichen Mitarbeiter:innen. Und wenn man es auf den Kern der biblischen Botschaft runterbricht, wird man als gläubiger Theologe, der ich nun auch bin, sagen dürfen, dass in der absichtslosen und aus der christlichen Nächsten- und Gottesliebe gespeisten Hinwendung zum Nächsten, vor allem zu denen, die unter die Räder der Geschichte gekommen sind, wohl der tiefste Grund für die beispiellose Erfolgsgeschichte des Christentums in all seinen konfessionellen Entfaltungen zu sehen sein dürfte. Nicht alle Pracht und Herrlichkeit, nicht aller Besitz und Glamour in bunten Gewändern in feierlichen weihrauchgeschwängerten Liturgien kommen der Botschaft nahe, sondern die radikale Hinwendung zu den Armen, Ausgegrenzten, Nackten, Heimatlosen, Gefangenen, Dürstenden und Hungernden, die in den Schlusskapiteln des Matthäusevangeliums von Jesus als die Menschen bezeichnet werden, an denen sich ein Glaube bewähren und beweisen muss. Caritas und Diakonie, die beide nicht durch die verfassten Kirchen mit ihren Kirchenleitungen, sondern von engagierten Ehrenamtlichen gegründet wurden, weil sie der schreienden Not großer Bevölkerungsgruppen Ende des 19. Jahrhunderts abhelfen wollten, entsprechen diesen jesuanischen Weisungen, sind Identitätsmarker der Kirchen. Viel fromme Prosa könnte man denken, aber kaum andere Wohlfahrtsverbände wie die von Diakonie und Caritas sind so nahe an denen, die auch die Politik vergisst und für Wahlerfolge nicht wirklich zu brauchen scheint. Natürlich bleiben auch kritische Rückfragen: Engagieren sich beide kirchlichen Sozialkonzerne in den Marktsegmenten der guten Tat, wo sie angesichts der ausgebauten sozialen Sicherungssysteme in Deutschland eine sichere und beständige Refinanzierung ihrer mannigfaltigen Aktivitäten erwarten dürfen, oder gehen sie auch dorthin, wo keine staatliche Sozialhilfe mehr hinkommt und keine Krankenkasse oder Pflegeversicherung mehr zahlt? In diesen Zusammenhang gehört die Information, dass die Zuschüsse der katholischen Bistümer und evangelischen Landeskirchen zu den Haushalten von Caritas und Diakonie aus Kirchensteuermitteln in der Regel äußerst bescheiden ausfallen. Diesen Eindruck erwecken gelegentlich kirchliche Hochglanzbroschüren, wenn sie ihren Kirchenmitgliedern die Kirchensteuerpflicht schmackhaft machen wollen, weil doch mit diesem Geld so viel Soziales und Gutes für die Schwachen von den Kirchen angeblich geleistet würde. Dem ist weithin nicht so, und dementsprechend müssen Caritas und Diakonie auf den hart umkämpften Märkten, wo sie auch mit kommerziellen Anbietern konkurrieren wie beispielsweise im Krankenhausbereich mit den boomenden Helioskliniken, selbstständig und vorausschauend wie die/der kluge schwäbische Hausfrau oder Hausmann überlegen, wie sie ihr Engagement auch dauerhaft mit einer schwarzen Null finanziell stemmen können. Alles so lassen, wie es ist, und als verfasste Kirchen darauf vertrauen, dass man über die mächtigen Organisationen von Caritas und Diakonie faktisch doch noch ein anerkannter und geachteter gesellschaftlicher Akteur und gern gesehener Ansprechpartner der Politik bleiben kann?

Der Salzburger Dogmatiker Hans-Joachim Sander warnt vor so einer Überlebensstrategie, die ja letztlich nur den schleichenden Sterbeprozess der untergehenden Volkskirchen zeitlich verlängert. Er fordert eine radikale Selbstrelativierung der Kirche, die den Tod der überkommenen Sozialgestalt von klerikaler Volkskirche zum Ziel haben müsse. Sie müsse sich von Macht und Ansehen lösen und selbstlos machtlos verflüssigen. Es lohne sich nicht, um die jetzige Kirche zu kämpfen und sie in ihrer aktuellen Sozialgestalt zu retten, weil diese Art des Kircheseins keine Zukunft habe. Die aktuellen Bischöfe und der Papst seien »Ikonen des kirchlichen Scheiterns«.[6] Gerade die katholische Kirche habe sich durch ihr inkompetentes Umgehen mit sexualisierter Gewalt in ihren eigenen Reihen komplett unglaubwürdig gemacht und ihr Existenzrecht in der bekannten Form verwirkt. Ein Neuanfang gelinge nur, wenn sie dies alles hinter sich lasse, auch auf ihre sozialkaritativen Machtmöglichkeiten verzichte und nicht glaube, sie könne über Caritas und Diakonie noch einen überzeugenden Existenzgrund liefern. Harter Tobak und zugleich doch befreiend: Das anspruchsvoll formulierte Programm des Salzburger Theologen von der Verflüssigung der Kirche wird in der Zukunft eine Kirche hervorbringen, die an überraschenden Orten ohne Netz und doppelten Boden alltäglich dort ist, wo

Jesus selbst heute hingehen würde: auf die medialen Areopage, wo die Musik in Sachen Meinungsbildung spielt, oder zu den Obdachlosen, denen die Malteser in Berlin nachts in kostenlosen und ambulanten Arztpraxen medizinische Grundversorgung ermöglichen. Darauf wird sich auch der Staat einrichten müssen.

Gemeinwohldienlich und antidemokratisch
zugleich – passt das zusammen?

Zu den Narrativen, in denen sich die Vertreter:innen von Staat und Kirche über die Jahrzehnte gemütlich eingerichtet haben, gehört das Mantra von der Gemeinwohldienlichkeit der Kirchen für das gesellschaftliche Zusammenleben und damit auch für den Staat. Je nach Gemütslage wird daraus mal die Rede vom ethischen Kitt, der eine Gesellschaft zusammenhalte und für den Kirchen aufgrund ihrer Botschaft die passenden Bauteile liefern könnten, oder vom unverzichtbaren Einsatz für die Benachteiligten der Gesellschaft, für die Schwachen, vor allem die Alten und die Kleinen. Diese Sicht auf die Kirchen als sinnstiftende Hotspots in einer an sich säkularen Gesellschaft, dessen Staatsorgane sich nach der Verfassung weltanschaulich neutral zu verhalten haben, führt zu einem leichtfertig testierten Unbedenklichkeitszeugnis, das den Kirchen auf ewig Gemeinwohlorientierung bescheinigt, die rechtlich mit dem Körperschaftsstatus weiterhin belohnt wird. In der jüngeren Fachdiskussion wird dieses Argument einerseits weiter tradiert und zugleich neu konfiguriert. Hier ist noch etwas weiter auszuholen. Dabei wird den Kirchen inzwischen von außen, in diesem Fall von der Missbrauchsbeauftragten Claus, testiert, dass sie ihr moralisches Wächteramt durch ihren skandalösen

Umgang mit Fällen von sexualisierter Gewalt vollständig verspielt haben. Dadurch sei der »Kitt«, den die Kirche für gesellschaftlichen Zusammenhalt und Stabilität leisten konnte, nicht mehr wirksam.[7] Dieses Wächteramt müsse nun der Staat ausüben. Klarer kann man den anstehenden Paradigmenwechsel nicht auf den Punkt bringen. Damit werden auch jüngere Verantwortliche in den Kirchen leben müssen, die wie die EKD-Präses Anna-Nicole Heinrich kurz vor Ostern 2023 die Sinnhaftigkeit des deutschen Kirchensteuersystems noch damit begründet, dass es nicht nur gerecht sei, sondern auch soziale Projekte finanziere, von denen alle in der Gesellschaft profitieren würden.[8] Dies ewig gleiche Mantra nehmen offensichtlich viele Menschen den Kirchen weiterhin ab.

Die Anerkennung als Körperschaft 1919 und 1949 war mit der Erwartung verbunden, dass die Kirchen im Sinne des staatlichen Gemeinwohls arbeiten, ohne sich mit den Staatszielen oder dem Staat selbst zu identifizieren. Eine Staatskirche durfte es ja nicht mehr geben. Bis zur deutschen Wiedervereinigung wurde das konservative Staatskirchenrecht nicht müde, immer wieder diese Gemeinwohlorientierung zu bemühen, teilweise verbunden mit dem moralisch-ethischen Mandat der Kirchen, mit dem sie die Staatsbürger:innen zur Einhaltung von letztlich christlich imprägnierten Grundwerten anhalten sollten.

Kritisch könnte man heute fragen, ob man dieser Erwartung überhaupt noch genügen wolle. Unter Fachleuten ist man sich einig, dass die Verfassung selbst von einer Körperschaft nur Rechtstreue verlange. Auch wenn die Verfassung und die Rechtsprechung des Bundesverfassungsgerichtes immer noch positive Gemeinwohlwirkungen erwarten würden, hätte das für die als Körperschaften des öffentlichen Rechts anerkannten Kirchen keine weiteren Konsequenzen. Letztlich läuft diese Argumentation darauf hinaus, den Körperschafts-status von der Religionsfreiheit her zu begründen. Dahinter verbirgt sich der Gedanke, dass individuelle religiöse Betäti-gung immer auch eine gemeinschaftsbildende Dimension auf-weise, die die überkommene Tradition einer Religionsgemein-schaft als Teil ihrer Identität erfasse und rechtlich absichere. Dieser Teil der religiösen Sinnstiftung übersteige die Verfol-gung konkreter Ziele im Sinne des Gemeinwohls und sei auf eine Rechtsform wie den Körperschaftsstatus angewiesen, der die besten Voraussetzungen für das Selbstbestimmungsrecht der Religionsgemeinschaften liefert.

Aus zivilgesellschaftlicher, aber auch grundrechtlicher Per-spektive stellt sich die Frage, ob der Körperschaftsstatus tat-sächlich bedeutet, dass man kein Teil der staatlichen Gewalt und von daher grundrechtsberechtigt, aber nicht grundrechts-verpflichtet sei, was angesichts der vielfältigen Aktivitäten der Kirchen im Sozial- und Bildungsbereich in dieser Form nicht mehr überzeugt. Auch wenn die kirchenfreundlichen Passagen im Allgemeinen Gleichbehandlungsgesetz inzwischen durch europäische Rechtsprechung weitgehend ausgehebelt worden sind, scheint mir zwingend geboten, deutlicher zwischen dem Binnenbereich der verfassten Kirchen, also der Verkündigung und der Unterrichtung von Glaubensüberzeugungen, bei der die Religionsgemeinschaften wirklich frei bleiben müssen, und ihrem Engagement in Schulen, Kindertagesstätten und Kranken- und Pflegeeinrichtungen zu unterscheiden. Dort, wo sie staatliche Aufgaben subsidiär wahrnehmen, müssen die als Körperschaften des öffentlichen Rechts anerkannten Re-ligionsgemeinschaften auch grundrechtsverpflichtet agieren. Nur so wird verständlich, warum in der neuen Grundordnung der katholischen Kirche jegliche Diskriminierung aufgrund von Geschlecht und sexueller Identität gestrichen wurde. Aber reicht das? Am Beispiel der Stellung der Frau im Verfassungsgefüge der katholischen Kirche stellt sich die berechtigte Frage, ob man einer Kirche wie der römisch-katholischen Kirche, die mit fadenscheinigen und theologisch haltlosen Argumenten Frauen systematisch schlechter stellt als Männer, noch weitgehende Rechte wie den Körperschaftsstatus einräumen kann. Hier zu behaupten, die Kirche sei nur grundrechtsberechtigt, könne aber in ihrem religiös konnotierten inneren Bereich die Menschenrechte von Frauen mit Füßen treten, grenzt schon an toxische Ignoranz. Was soll man von Politiker:innen halten, die islamischen Religionsgemeinschaften unter Hinweis auf deren Frauenbild bestimmte Rechte verweigern, während sie die katholische Kirche mit Samthandschuhen anfassen?

Staatliche Justiz und Kirchen

Die Untersuchungen und Gutachten zu sexualisierter Gewalt in den Kirchen haben ans Licht gebracht, wie entgegenkommend und wohlwollend die beiden großen christlichen Kirchen von der Justiz über viele Jahre behandelt worden sind. Die gereizten Reaktionen aus den Justizministerien auf Missbrauchsstudien sind Ausdruck eines schlechten Gewissens. Der lang gediente Justizminister von Rheinland-Pfalz Herbert Martin (FDP) verwahrte sich im Zusammenhang mit der Veröffentlichung der Mainzer Missbrauchsstudie[9] vehement gegen den Vorwurf, die rheinland-pfälzischen Organe der Strafverfolgung, vor allem die Staatsanwaltschaften, hätten die in der Vergangenheit angezeigten Taten von sexualisierter Gewalt in den Kirchen nicht konsequent verfolgt. »Er könne aber nicht ausschließen, dass in den vergangenen 60 Jahren an der ein oder anderen Stelle Fehler gemacht worden sind,

sagte der Minister im SWR-Interview.«[10] Nachdem beispielsweise die Studien zu sexualisierter Gewalt in den Bistümern
Münster und München an konkreten Beispielen nachweisen
konnten, in wie vielen Fällen die staatliche Justiz in der Vergangenheit abweichend vom rechtlich vorgeschriebenen Pro-
zedere mit Beschuldigten und überführten Tätern aus den
Reihen der Kirchen umgegangen ist, wäre es dringend an der
Zeit für unabhängige Untersuchungen zur Praxis der staatlichen Strafverfolgung im Umgang mit Fällen von sexualisierter Gewalt in den Kirchen von der Nachkriegszeit bis heute.
Es steht immerhin der begründete Verdacht im Raum, dass
es hier zu wohlwollender Ungleichbehandlung gekommen ist,
weil die staatliche Justiz die Auseinandersetzung mit den beiden Kirchen immer wieder gemieden hat. So könnte man kritisch fragen, warum die bayerische Justiz nicht bereits 2010
beim ersten Missbrauchsbericht zum Erzbistum München-
Freising mit richterlichem Beschluss die Diensträume der bischöflichen Behörde und des Erzbischofs durchsucht hat, wie
es dann zu Beginn 2023 viel zu spät geschah und kein neues
Material gefunden wurde.

Allerdings kündigt sich auch hier offenbar ein Zeitenwechsel an. Dass die Kölner Staatsanwaltschaft gegen den Kölner
Kardinal Woelki in zwei Fällen wegen des Verdachts eides-
stattlicher Falschaussagen und in einem Fall wegen Mein-
eid ermittelt[11], wäre wahrscheinlich unter seinen Vorgängern
kaum denkbar gewesen. Vielleicht war hier der Strafbefehl der
Hamburger Staatsanwaltschaft im Jahr 2013 gegen den ehemaligen Limburger Bischof Tebartz-van Elst ein Türöffner in
einer vergleichbaren Angelegenheit (Business-Class-Affä-
re[12]). Auch die Durchsuchungen des Erzbischöflichen Palais
und der Diensträume im Erzbischöflichen Ordinariat 2023 in
München gehören in diese Kategorie, mit der nach Akten ge-

fahndet wurde, die Hinweise auf die Mitverantwortung noch lebender Entscheidungsträger bei der Bearbeitung von Anzeigen sexualisierter Gewalt liefern könnten. Inzwischen scheuen sich die staatlichen Gerichte auch nicht mehr, Bischöfe wie Stephan Ackermann bei einem Strafprozess wegen sexueller Übergriffe gegen einen Trierer Pfarrer vor dem Landgericht in Saarbrücken als Zeugen zu laden, wie auch der Kölner Kardinal bei einem presserechtlichen Verfahren in Köln als Zeuge unter Eid vernommen wurde. Diese aktuellen Fälle zeigen dann oft, wie unbeholfen und von ihren Anwälten juristisch schlecht beraten die Bischöfe vor Gericht agieren. Das gilt auch für leitende Richter wie den ehemaligen Kölner Offizial (Kirchenrichter) Günter Assenmacher vor dem Kölner Landgericht im schon erwähnten Fall des Pfarrers Ue., der zu einer langen Haftstrafe verurteilt wurde, oder seines Stellvertreters Thomas Weitz im erwähnten Saarbrücker Verfahren von 2023. Der wünschte allen Ernstes die Verhandlung seiner Zeugenaussage unter Ausschluss der Öffentlichkeit, weil anderenfalls das Heil einiger Seelen gefährdet sei. Das Saarbrücker Gericht ließ sich auf diesen spirituellen Zauber nicht ein und führte in der Vernehmung den Kölner Kirchenrichter als sachlich völlig überfordert vor. Der war trotz eines laufenden kirchenrechtlichen Strafverfahrens seit 2018 (!) nicht in der Lage, diesen Prozess als Vorsitzender Richter zu einem Abschluss zu bringen. Diese wenigen Beispiele zeigen, wie überfordert und schlecht beraten Bischöfe agieren, wenn die staatliche Justiz sie ins Visier nimmt, und sei es »nur« als Zeugen. Schneidige Kanzleien verdienen sich eine goldene Nase mit der Vertretung von Bischöfen wie Woelki oder Ackermann, die inzwischen regelmäßig in den Schlagzeilen stehen. Dabei sind diese Kanzleien nicht oder nur wenig mit den kirchlichen Strukturen vertraut. Da wird in anwaltlichen Schriftsätzen aus einer

Diözese Dresden-Meißen schon mal eine Erzdiözese, oder der verantwortliche Anwalt erklärt vor Pressevertreter:innen nach einem Prozess, dass Bischöfe Kardinäle seien, weil sein Mandant nun mal zufällig Kardinal ist. Ein negatives Highlight liefern zurzeit auch die Anwälte des Trierer Bischofs Ackermann in einer Schmerzensgeldklage ab. Ackermann hatte das Pseudonym einer Mitarbeiterin dieses Bistums, die über Jahre einem sexuellen Martyrium ihres vorgesetzten Pfarrers ausgesetzt war, ohne Not bei einem Treffen von Bediensteten dieses Bistums gelüftet. Im Gütetermin vor dem Trierer Arbeitsgericht war sich der Anwalt des Bischofs nicht zu schade zu behaupten, auch der Bischof von Trier sei durch die Anzeigen und Klagen dieser Frau traumatisiert worden. Die klassische Täter-Opfer-Umkehr!

Augenscheinlich ist die Geduld der staatlichen Justiz im Umgang mit möglichen Straftaten im Raum der Kirchen aufgebraucht. Nur so lässt sich auch der Prozess vor dem Landgericht in Traunstein erklären, bei dem ein Opfer des bekannten Täters Peter H., der in einem Sonderbericht zum Münchener Gutachten eigens thematisiert wurde, zivilrechtlich eine Feststellungsklage eingereicht hat, die klären soll, ob der inzwischen verstorbene Joseph Ratzinger als ehemaliger Erzbischof von München-Freising und sein noch lebender Nachfolger Kardinal Friedrich Wetter sowie das Erzbistum München-Freising und der Täter selbst zur Verantwortung gezogen werden können – auch im Blick auf Entschädigungszahlungen. Noch steht nicht fest, wer das Erbe von Joseph Ratzinger antreten wird oder – angesichts drohender Zahlungsverpflichtungen – überhaupt antreten will. Immerhin zeigt das beharrliche Festhalten des Gerichtes an der gerichtlichen Klärung der Klage ein deutlich anderes Bild als in den Jahrzehnten davor.

Dies mag auch mit sehr klaren politischen Erklärungen des aktuellen bayerischen Justizministers Georg Eisenreich von der CSU zusammenhängen, Straftaten im kirchlichen Raum künftig konsequent zu verfolgen. Die nächsten Jahre werden zeigen, ob diesen klaren Ansagen auch Taten folgen werden. Werden im Prozess vor der großen Wirtschaftsstrafkammer in München nicht nur die Beschuldigten des Eichstätter Finanzskandals verurteilt werden, sondern auch der Bischof als Zeuge geladen, um das desaströse System riskanter Rechtsgeschäfte auszuleuchten? Wenn eine Institution wie das Bistum Eichstätt es den Tätern durch mangelhafte Kontrollen zu leicht macht, Gelder zu veruntreuen, kommt auch die Frage nach der Amtshaftung ins Spiel.

Religionen als Gefährder oder
Kontrastgesellschaft?

Die Gemeinwohlthese, mit der Kirchen und Staat sich gegen eine Veränderung der eingefahrenen Wege und kritische Rückfragen immunisieren, wird sich vielleicht bald nicht mehr halten lassen, zu viel Vertrauen haben die Kirchen verspielt, zu weit ist die Säkularisierung der Gesellschaft vorangeschritten. Und doch gibt es einen neuen Versuch, das Kooperationsmodell zu begründen. Durch Wanderungsbewegungen in das einst christlich-jüdisch geprägte Europa haben sich hier Religionsgemeinschaften etabliert, die das Recht auf Ausübung ihrer Glaubensüberzeugung in Anspruch nehmen, aber auch den gesellschaftlichen Frieden und die öffentliche Ordnung gefährden können. Das gilt auch für katholische Fundamentalisten und evangelikale Bewegungen. Der Staat, so das Plädoyer für ein erneuertes Kooperationsmodell, bekomme diese wachsende religiöse Radikalisierung nur in den Griff, wenn er mit allen Religionsgemeinschaften kooperativ zusammenarbeite, etwa durch verbindliche Standards in pädagogischen Einrichtungen. Es geht Vertretern dieser These also um das berechtigte Interesse, religiöse Gefahrenpotenziale zu domestizieren und die auch dem Christentum nicht fremde Tendenz zu Fanatismus und Gewalt durch Transparenzgebote zu entschärfen – so der katholische Theologe Wolfgang Beck aus Frankfurt. Ähnlich plädiert der Darmstädter Sozialethiker Hermann-Josef Große Kracht dafür, am bewährten Kooperationsmodell von Staat und Religionsgemeinschaften und seiner Fortentwicklung durchaus auch in den Kategorien von Körperschaften des öffentlichen Rechts festzuhalten.[13] Auf den ersten Blick spricht manches für diese moderne Begründung eines modifizierten Kooperationsmodelles. Allerdings sollte man die Voraussetzungen dieser These genauer prüfen. Danach wird Religion primär in der Perspektive des Gefährders der demokratischen Ordnung des Staates und einer freiheitlichen Gesellschaft gesehen. Religion ist gefährlich für das Gemeinwesen, muss fast wie im Österreich Josephs II. kontrolliert und limitiert werden – bis zur Länge der Kerzen, die in Kirchen abgebrannt werden. Religiöse Aktivitäten, die nicht sozialen Output generieren, der allen Bürgerinnen und Bürgern zugutekommen kann, stehen dann unter Verdacht.

Nun wird man den Vertreter:innen dieser These wahrlich nicht unterstellen wollen, einer Wiedergeburt des österreichischen Josephinismus das Wort reden zu wollen, aber eine Tendenz zur etatistischen Gefahrenabwehr des Religiösen schwingt schon mit. Mit der Einführung des islamischen Religionsunterrichts in Nordrhein-Westfalen etwa kam es bei der Suche islamischer Autoritäten, die mit den staatlichen Vertreter:innen über die Lehrpläne entscheiden sollten, zu einer –

wir sagen es zurückhaltend – verfassungskreativen Lösung. Das Schulministerium bestellte 2012 einen Beirat zur Festlegung der Unterrichtsinhalte, bestehend aus vier Vertreter:innen verschiedener islamischer Dachverbände und vier Mitgliedern, die das Land berief, etwa den islamischen Münsteraner Theologen Mouhanad Khorchide. Diese Übergangslösung wurde im Gesetz zur Einführung des islamischen Religionsunterrichtes als ordentliches Unterrichtsfach rechtlich hinterlegt, weil im Islam keine religiöse Instanz existiert, die verbindlich über die religiösen Inhalte des islamischen Religionsunterrichts entscheiden könnte. Unverkennbar wurde hier eine pragmatische Lösung gewählt, wobei verfassungsrechtlich zu fragen wäre, ob die Besetzung der Hälfte des Beirats durch das Land noch mit dem Selbstbestimmungsrecht der verschiedenen Denominationen im Islam vereinbar ist. Die Verfassung verwehrt es dem weltanschaulich neutralen Staat, auch nur mittelbar durch Berufung von Mitgliedern in einen solchen Beirat Einfluss auf religiöse Inhalte auszuüben. Der Staat ist religiös unmusikalisch.

Damit kommt ein Moment jeglicher Religiosität ins Spiel, das irritiert und nicht selten Abwehrreaktionen auslöst. Reinhard Bingener schrieb 2023 in der Osterausgabe der »Frankfurter Allgemeinen«: »Ein gelebter Glaube kann einen Menschen aufmerksamer machen für andere und ihn zu größerer Mitmenschlichkeit motivieren. Glaube kann Menschen aber auch verhärten und starr werden lassen. Bei der Wahrnehmung von Religion sind darum Sensibilität und Differenzierung gefragt. Schon der Kollektivsingular ›die Religion‹ führt häufig in die Irre, ebenso ein vereinfachendes Sprechen über ›den Islam‹ oder ›den Hinduismus‹, die jeweils höchst heterogen sind und sich schwerlich auf einen Nenner bringen lassen. Gleiches gilt für das Christentum.«[14] Bingener warnt vor sogenannten Ordnungstheologien, die in allen Religionen versuchen, ein bestimmtes Verständnis von gesellschaftlicher Ordnung, nicht selten der Sexualethik, allen Bürger:innen aufzuzwängen. Solche Theologien verbünden sich daher gerne mit autoritären Systemen, wie es gerade in Russland mit der unheiligen Allianz von Putin und der russisch-orthodoxen Kirche zu beobachten ist. Solche totalitären Anmaßungen einer Religion muss eine wehrhafte Demokratie in die Schranken weisen, denn ein freiheitlich demokratischer Rechtsstaat darf nie zu einer Theokratie mutieren.

Andererseits ist die staatliche Gewährung einer umfassenden individuellen wie kollektiven, zugleich positiven wie negativen Religionsfreiheit immer schon ein Gradmesser dafür, wie es ein Staat mit den Menschenrechten hält. Es kann also nicht die Aufgabe staatlicher Institutionen sein, Religion zu zähmen und zu disziplinieren, sofern sich die Ausbildung religiöser Bekenntnisse und Verhaltensnormen nur im Rahmen der Religionsgemeinschaft selbst bewegt. Die Grenzen der Religionsausübung liegen im *ordre public*, der Akzeptanz einer freiheitlich-demokratischen Verfassung selbst, der Unantastbarkeit des Lebens und dem Respekt vor weltanschaulichen und religiösen Überzeugungen Dritter.

Natürlich können neue Kooperationen staatlicher Institutionen mit Religionsgemeinschaften notwendig und sinnvoll sein, keine Frage. So wurde in den letzten Jahren eine jüdische Militärseelsorge aufgebaut, damit Soldatinnen und Soldaten jüdischen Glaubens auch in diesem komplexen Berufsfeld nicht auf die Unterstützung ihrer Religionsdiener:innen verzichten müssen. Und vielleicht ist diese Entwicklung auch ein gutes Beispiel dafür, dass der Staat lernt, kleinere Religionsgemeinschaften gleichberechtigt mit den beiden christlichen Kirchen zu behandeln. Ein weiteres Beispiel finden wir in der

Anstaltsseelsorge, wo einzelne Bundesländer (zum Beispiel Niedersachsen) islamischen Seelsorger:innen den Zugang zu den Justizvollzugsanstalten ermöglichen. Militär- und Gefängnisseelsorge sind auch in Ländern wie Frankreich, die strikt zwischen Staat und Kirche trennen, möglich.

Vielleicht gehört es zu den anstehenden gesellschaftlichen und auch religionspolitischen Aufgaben der Zukunft, einerseits der Religionsfreiheit in Deutschland breiten Raum zu gewähren, andererseits dort, wo der Staat gezwungen oder freiwillig mit Religionsgemeinschaften kooperieren muss, stärker auf unvoreingenommene Diversität in der religiösen Landschaft zu achten. Gelebte Religiosität kann durchaus verstörend auf eine zunehmend säkulare Gesellschaft wirken. Zur Religionsfreiheit wird man dabei auch immer das Toleranzgebot denken müssen, das es einer Zivilgesellschaft zumutet, mit religiösen Bekenntnissen und gelebtem wie praktiziertem Glauben konfrontiert zu werden. Lange Zeit galt in der Rechtsprechung des Bundesverfassungsgerichtes, dass die positive Religionsfreiheit nicht der negativen Religionsfreiheit weichen dürfe – bis es zum bereits erwähnten Kruzifixurteil kam. Diese Balance zwischen beiden Polen gilt es immer wieder neu auszutarieren, sei es am Karfreitag, sei es mit Rücksicht auf die Speisevorschriften für muslimische Mitarbeiter:innen während des Ramadans. Der Staat mit seinen Institutionen muss auch kleineren, bisher noch wenig verbreiteten Religionen und ihren Gemeinschaften Raum geben, ihren Glauben zu leben. Stärker als früher wird er darauf achten müssen, in Äquidistanz zu allen Religionsgemeinschaften zu treten, gerade weil er unhinterfragt über Jahrzehnte einen wirkmächtigen Pakt mit den beiden großen Kirchen geschlossen hat.

Als Theologe und Katholik wäre mir meine Kirche sympathischer, wenn sie auf wohlerworbene Rechte und Besitzstände dort, wo es um der Menschen willen verantwortbar erscheint, freiwillig verzichten würde, um an anderen Orten, die vielleicht nicht staatlich alimentiert werden, für die Menschen da zu sein, die unter die Räder gekommen sind: Obdachlose, Flüchtlinge, Kranke, Schwerbehinderte. Keine Frage: Hier geschieht immer wieder Vorbildliches, nicht selten verborgen vor den Augen der Öffentlichkeit, man denke nur ans Kirchenasyl.

Wie weiter?

Einzelne religionspolitische Zuständigkeiten sind beim Bund angesiedelt, in den meisten Fällen jedoch kommen Kirche und Staat auf den Ebenen der Länder und der Kommunen miteinander in Berührung. Die Öffentlichkeit überschätzt häufig den religionspolitischen Spielraum der Bundesregierung, erst recht, wenn die religionspolitischen Sprecher:innen der Parteien an den politischen Rändern den Eindruck erwecken, man könne mit einem Knopfdruck die Kirchen, aber auch andere Religionsgemeinschaften aus dem öffentlichen Erscheinungsbild eliminieren und Deutschland in eine laizistische Republik verwandeln, während die etablierten Parteien bei den großen Kirchen mal mehr, mal weniger Änderungen anmahnen, Vorschläge für Reformen ankündigen, aber letztlich doch noch im überkommenen Modus des Kooperationsmodells verbleiben. Die Bundesländer lassen derzeit nicht erkennen, dass sie die eingespielten Pfade der Zusammenarbeit mit den Kirchen in naher Zukunft verlassen wollen. Am Ende bildet sich eine unübersichtliche Gemengelage heraus: Beide ehemaligen Volkskirchen verlieren immer mehr Mitglieder, vor allem die katholische Kirche verliert außerdem durch Missbrauchs- und Bischofskrisen rasend schnell an Vertrauen bei ihren eigenen Gläubigen, aber auch in breiten gesellschaftlichen Kreisen. Demgegenüber können beide Kirchen immer noch mit ihren Aktivitäten im Bereich der Diakonie und Caritas und den vielen sozialen Einrichtungen Pluspunkte in der Bevölkerung sammeln. In Umfragen unterscheiden die Befragten sehr genau zwischen dem Erscheinungsbild der verfassten Kirchen und ihren Sozialkonzernen in diakonalem oder karitativem Gewand. Offenbar werden diese Aktivitäten als hilfreich für die Gesellschaft und ihren Zusammenhalt erfahren. Der Bedeutungsverlust der verfassten Kirchen wird dadurch abgefedert, und die amtlichen Vertreter ziehen daraus den überlebenswichtigen Schluss, irgendwie doch noch als Kirchen gebraucht zu werden und politischen Einfluss ausüben zu können. Analog ist das Verhalten der Politik. Immer mehr Politikerinnen und Politiker entfernen sich von der Kirche, kritisieren Skandale und Fehler der Kirchen und fordern etwa im Arbeitsrecht radikale Änderungen. Gleichzeitig führen sie auf der Ebene der Bundesländer die traditionelle Kooperation in vielen politisch relevanten Bereichen wie Bildung und Gesundheitsfürsorge fort. Exemplarisch steht hierfür das Thema Ablösung der Staatsleistungen: Während auf Ebene des Bundes mehr oder weniger ehrgeizig an einem Gesetz zur Festlegung von Grundsätzen zur Ablösung der Dotationen gearbeitet werden soll, konterkarieren die eigenen Parteifreund:innen dieses Unterfangen, wiederholen immer und immer den Evergreen vom gemeinwohldienlichen Einsatz dieser Gelder durch die Kirchen, der doch so vielen Bürger:innen zugutekäme.

Eine Trennung, wie sie die Verfassung vorschreibt, fällt beiden Seiten, dem Staat auf seinen drei institutionellen Ebenen wie den Kirchen, offenkundig schwer. Man hat sich nicht mehr viel zu sagen, aber lebt angenehm nebeneinanderher – warum sollte man diese Kooperation aufkündigen? Gesellschaftliche Entwicklungen wie die Pluralisierung der religiösen Landschaft, die Effekte der deutschen Wiedervereinigung mit großen säkularen Landstrichen in Ostdeutschland und der Rückgang gelebter Religiosität in weiten Kreisen der Bevölkerung können die tradierte Wertschätzung der beiden Kirchen durch den Staat nicht trüben. Der Status quo wird verwaltet und fortgesetzt, so als lebten wir noch in den fünfziger und sechziger Jahren des letzten Jahrhunderts.

Warum also sollte man ohne Not die gewachsene und funktionierende und immer noch weithin akzeptierte Zusammenarbeit von Staat und Kirchen aufkündigen? Schon aus Rücksicht auf die Grundsicherung der Bevölkerung wäre ein Kahlschlag von heute auf morgen unverantwortlich. Verantwortungsvoll wäre es aber, einen Transformationsprozess in Gang zu setzen, um kirchliche Monostrukturen im Erziehungs- und Gesundheitswesen Zug um Zug abzubauen und durch nichtkonfessionelle Träger zu ersetzen. Gelegentlich wird diese Diversität der Träger bereits gesetzlich eingefordert, so zum Beispiel bei der Bereitstellung staatlich anerkannter Schwangerschaftskonfliktberatungsstellen.

Den derzeitigen Beziehungsstatus von Staat und Kirchen wird man als kompliziert und in Teilen unübersichtlich beschreiben müssen. Auch wenn in die erste demokratische Weimarer Reichsverfassung 1919 das Trennungsgebot von Staat und Kirchen aufgenommen wurde und es kein landesherrliches Kirchenregiment mehr geben sollte, wurde die Trennung faktisch bis heute nicht wirklich vollzogen. Natürlich sind Abnutzungserscheinungen und zunehmende Entfremdung zu beobachten. Bei großen gesellschaftspolitischen Themen müssen die politischen Entscheidungsträger, wenn es beispielsweise um Fragen rund um Anfang und Ende des Lebens geht, nicht mehr auf die ethischen Positionierungen der Kirchen achten. Vor allem die katholische Kirche mit ihrer unbeweglichen und weithin naturrechtlich fixierten Sexualmoral und ihrem Beharren auf einer binären Geschlechteranthropologie ist offenkundig kein ernst zu nehmender Gesprächspartner für die Politik in Berlin mehr. Dies ändert sich allerdings sofort, wenn die Bundesländer ins Spiel kommen. Augenscheinlich scheut man das Risiko, die Trägerlandschaft pluraler zu gestalten, obwohl die religiöse wie auch weltanschauliche Landschaft bunter und vielfältiger geworden ist. Mit diesen erfahrenen und nicht selten auch fachlich ausgewiesenen kirchlichen Trägern will man es sich nicht verderben, hier geht Sicherheit vor parteipolitischer Programmatik, sei es in liberaler, sozialdemokratischer, grüner oder christlich-demokratischer Couleur. Selbst die aufstrebenden Grünen haben mit Ministerpräsident Kretschmann als Katholik in Baden-Württemberg oder dem adeligen Protestanten Konstantin von Notz aus Schleswig-Holstein treue Gewährsmänner der beiden Kirchen, die in stets staatstragender und wohlmeinender Diktion die Kirchen für ihren gesellschaftlichen Dienst loben und gegen Kritik auch in ihrer eigenen Partei immunisieren. Von Notz gibt aktuell zur umstrittenen Diskussion über Staatsleistungen darum auch pazifizierend zu Protokoll, im Gesetzgebungsverfahren werde es darauf ankommen, »das Interesse der Kirchen an der Absicherung ihrer gesellschaftlich bedeutsamen Tätigkeit in Einklang zu bringen mit dem Interesse der Länder, nicht durch Zahlungspflichten finanziell überfordert zu werden«.[1] Religionsgemeinschaften sind für von Notz zentrale Akteure der Zivilgesellschaft. »Insbesondere bei Fragen rund um den Frieden, Gerechtigkeit, dem konsequenten Eintreten gegen gruppenbezogene Menschenfeindlichkeit oder der Bewahrung der Schöpfung erleben wir immer, wie wertvoll und fruchtbar die Beiträge der Kirchen im gesellschaftlichen Diskurs sind.«[2] Formvollendeter hätte es auch in der Ära Kohl kein CDU-Politiker wie zum Beispiel der bibelfeste Volker Kauder sagen können. Die ritualisierte Rede von der Gemeinwohldienlichkeit oder der gesellschaftlich bedeutsamen Tätigkeit beider Kirchen ist wie ein eingestanztes Narrativ nicht nur in den Sonntagsreden vieler Politiker Allgemeingut, sondern auch realer politischer Beharrungswille, den Kirchen weiter einen bedeutenden Platz im Konzert der vielgestaltigen Akteure in der Zivilgesellschaft zu garantieren.

Und doch droht der unheiligen Allianz von Staat und Kirche in gar nicht so ferner Zukunft Ungemach. Schon 2030 wird durch den demografischen Wandel in der Altersstruktur der Kirchenmitglieder und die damit einbrechenden Kirchensteuereinnahmen der Kampf um inhaltliche Schwerpunkte entbrennen, an dessen Ende womöglich auch bisherige kirchliche Handlungsfelder zur Disposition stehen. Angesichts der weit verbreiteten Kleinstaaterei kirchengemeindlichen Denkens ist überhaupt nicht ausgemacht, dass die Kirchen so intensiv wie heute im Bereich der Pflege, der Krankenfürsorge und der Bildung werden aktiv bleiben können. Schon aus dieser nüchternen fiskalischen Perspektive ist es nötig, dass beide Seiten schon bald darüber ins Gespräch kommen, welche Konsequenzen die absehbaren Veränderungen für eine religionsfreundliche Verfassung nach sich ziehen werden. Geschieht das nicht, ist ein böses Erwachen vorprogrammiert.

Anmerkungen

Statt eines Vorworts: Die Lage ist ernst
oder schon hoffnungslos?

1   Vgl. den Kirchenkritiker Carsten Frerk mit diesem und anderen
    Büchern in gleicher Machart, die objektive Wissenschaftlichkeit
    insinuieren, dann aber mit vielen Zahlen operieren, die einer Über-
    prüfung eher selten standhalten.
2   Vgl. https://www.katholisch.de/artikel/44668-bistum-eichstaett-
    betrugsermittlungen-gegen-ex-mitarbeiter; eingesehen am
    21.04.2023.
3   Vgl. https://www.kath-kirche-kaernten.at/dioezese/detail/C2644/
    widerstand_gegen_kreuz-verbot: eingesehen am 24.04.2023.
4   https://www.katholisch.de/artikel/44583-frueherer-zdk-chef-
    sternberg-anders-mit-kirchensteuer-umgehen; eingesehen am
    17.04.2023.
5   Vgl. Michel Foucault, Wahnsinn und Gesellschaft. Eine Geschichte
    des Wahns im Zeitalter der Vernunft, Frankfurt am Main 1973, 77 f.

Was die Verfassung will und was daraus geworden ist –
Staat und Kirchen in starker Partnerschaft

1   Paul Kirchhof, § 22 Die Kirchen und Religionsgemeinschaften als
    Körperschaften des öffentlichen Rechts, in: HdbStKR[2], Bd. 1, 653.
2   Stefan Magen, § 27 Kirchen als Körperschaften des öffentlichen
    Rechts, in: HdbStKR[3], Bd. 1, 1045–1101, hier 1060.

Wer kooperiert, der bleibt –
die unheilige Allianz auf dem Prüfstand

1 Vgl. Lk 10, 25–37.

2 Rainer Hank, Die Caritas-Legende, in: FAZ vom 17.07.2023. Er schätzt den Eigenanteil der Kirchen, den sie nicht staatlich refinanziert bekommen, auf 10 Prozent ein. Schon diese 10 Prozent sind allerdings im absoluten Volumen nicht unerheblich. Rechnet man zudem die Instandhaltungskosten im baulichen Bereich zum Beispiel bei Schulen und Kitas mit ein, erhöht sich der kirchliche Anteil deutlich, der aus Kirchensteuereinnahmen getragen werden muss.

3 Michael Seewald, Predigt anlässlich der akademischen Abschlussfeier am 03.02.2023 in Münster. Ich danke meinem Münsteraner Kollegen an der Katholisch-Theologischen Fakultät für die Bereitstellung seines bisher nicht veröffentlichten Textes.

4 Ebd.

5 Beispielhaft für die evangelische Kirche Ulrich Willems, Entwicklung, Interesse und Moral. Die Entwicklungspolitik der Evangelischen Kirche in Deutschland, Wiesbaden 1998.

6 https://www.zdk.de/veroeffentlichungen/reden-und-beitraege/detail/Grusswort-von-Senator-Dr-Klaus-Lederer-467f/; eingesehen am 13.02.2023.

Kirchliches Arbeitsrecht

1 Bischof Oster, Gedanken zum kirchlichen Arbeitsrecht; https://stefan-oster.de/gedanken-zum-kirchlichen-arbeitsrecht/; eingesehen am 17.02.2023.

2 Vgl. zu den Hintergründen des Falles: https://www.lto.de/recht/hintergruende/h/bag-2-azr-130-21-eugh-vorlage-hebamme-kuendigung-austritt-kirche/; eingesehen am 17.04.2023.

3 Vgl. Oswald von Nell-Breuning, Kirchliche Dienstgemeinschaft, in: StdZ 195 (1977), 704–710, hier 706.

4 Franz Bsirske, Das kirchliche Arbeitsrecht muss abgeschafft werden, in: http://caritas-verdi.blogspot.com/2022/02/das-kirchliche-arbeitsrecht-muss.html; eingesehen am 16.02.2023.

5 Peter Stein, Das kirchliche Selbstbestimmungsrecht im Arbeitsrecht

und seine Grenzen, Frankfurt am Main 2023, 174 (https://www.hugo-sinzheimer-institut.de/fpdf/HBS-008510/p_hsi_schriften_47.pdf; eingesehen am 16.2.2023).

6 Vgl. https://www.bag-urteil.com/20-11-2012-1-azr-179-11/; eingesehen am 15.02.2023.

7 Nach Art. 140 GG iVm Art. 137 Abs. 3 WRV.

8 Ebd.

9 Oswald von Nell-Breuning, Arbeitnehmer im kirchlichen Dienst, in: Stimmen der Zeit 195 (1977), 302–310, hier 307.

10 Vgl. Thomas Schüller, Nell-Breunings bleibende Impulse für eine grundlegende Überarbeitung des kirchlichen Arbeitsrechts, in: Bernhard Emunds/Stephan Rixen (Hg.), Oswald von Nell-Breuning weiterdenken. Solidarische Perspektiven für das 21. Jahrhundert, Baden-Baden 2022, 55–67.

11 Vgl. Gregor Thüsing, Kirchliches Arbeitsrecht und Hinweisgeber-schutz. Im Namen der Dienstgemeinschaft, in: HK 77 (2023), 33–35.

12 https://www.fresh-magazin.de/die-krise-kann-kaum-groesser-sein; eingesehen am 14.02.2023.

13 Vgl. Thomas Schüller, Mein Bruder und ich, in: Christ und Welt, Nr. 8 vom 17.02.2022, 1–2.

14 Vgl. beispielhaft der Erzbischof von Köln, in: Amtsblatt des Erzbistums Köln 2002, Nr. 215, 181.

15 Vgl. Art. 3 Abs. 2 Grundordnung in ihrer Fassung vom 22.11.2022.

16 https://www.katholisch.de/artikel/42558-graulich-stellt-notwendigkeit-von-kirchlichem-arbeitsrecht-in-frage; eingesehen am 15.02.2023.

Sexualisierte Gewalt

1 Vgl. mit allen Informationen zur Arbeit dieser Beauftragten und ihres Stabes https://beauftragte-missbrauch.de/; eingesehen am 15.02.2023.

2 https://www.deutschlandfunk.de/sexualisierte-gewalt-ein-riesen thema-das-nicht-nur-die-100.html; eingesehen am 15.02.2023.

3 https://www.sueddeutsche.de/muenchen/bayern-katholische-kirche-missbrauch-justizminister-kritik-15711801; eingesehen am 15.02.2023.

4 https://www.mk-online.de/meldung/bayern-kuendigt-stelle-fuer-missbrauchsopfer-an/; eingesehen am 20.04.2023.

5 https://www.sueddeutsche.de/bayern/kirche-muenchen-marx-wehrt-sich-gegen-kritik-an-missbrauchsaufarbeitung-dpa.urn-newsml-dpa-com-20090101-221219-99-958108; eingesehen am 15.02.2023.

6 Vgl. das aufschlussreiche Buch von Céline Hoyeau, Der Verrat der Seelenführer. Macht und Missbrauch in Neuen Geistlichen Gemeinschaften, Freiburg i. Br. 2023, die auch diesen Fall sehr genau rekonstruiert.

7 Doris Reisinger/Christoph Röhl, Nur die Wahrheit rettet: Der Missbrauch in der katholischen Kirche und das System Ratzinger, München 2021.

8 Vgl. Christoph Röhl, Verteidiger des Glaubens, 2019.

9 Vgl. Kanzlei Westphal Spilker Wastl, München, https://westpfahl-spilker.de/wp-content/uploads/2022/01/WSW-Gutachten-Erzdioezese-Muenchen-und-Freising-vom-20.-Januar-2022.pdf; eingesehen am 15.02.2022.

10 Vgl. Papst Franziskus, MP Vos estis lux mundi vom 07.05.2019, in: AAS 111 (2019), 823–832.

11 Vgl. https://www.badische-zeitung.de/missbrauchsbericht-belegt-massive-vertuschung-durch-freiburgs-alt-erzbischof-robert-zollitsch--255461681.html; eingesehen am 19.04.2023.

12 Vgl. https://www.dbk.de/fileadmin/redaktion/diverse_downloads/dossiers_2019/2019-207a-Ordnung-fuer-den-Umgang-mit-sexuellem-Missbrauch-Minderjaehriger.pdf; eingesehen am 15.02.2023.

13 Vgl. Thomas Großbölting u. a., Macht und sexueller Missbrauch in der katholischen Kirche. Betroffene, Beschuldigte und Vertuscher im Bistum Münster seit 1945, Freiburg 2022.

14 Ebd., 395.

15 Vgl. ebd., 427–440.

16 Ebd., 438.

17 Vgl. https://westpfahl-spilker.de/wp-content/uploads/2022/01/WSW-Gutachten-Erzdioezese-Muenchen-und-Freising-vom-20.-Januar-2022.pdf; dort im Sonderband, 33.

18 So auch im Aachener Gutachten dieser Kanzlei; vgl. https://westpfahl-spilker.de/wp-content/uploads/2020/11/Gutachten_Bistum_Aachen.pdf; 211, 227, 238.

19 Vgl. https://www.katholisch.de/artikel/41320-staatsanwaltschaft-laesst-sitz-der-jesuiten-durchsuchen?utm_medium=Social&utm_source=Facebook&fbclid=IwAR1av_HY50we0qMDaZs30OfIeVG_lf5_yI-GCrgirOGc15fEe4Z07yWlCHk#Echobox=1664891018; eingesehen am 15.02.2023.

20 Vgl. Christian Waldhoff, Kirchen im Verfassungsstaat, in: FAZ vom 16.01.2023, 6.

21 Vgl. https://www.katholisch.de/artikel/20679-keine-missbrauchs ermittlungen-nach-professoren-strafanzeige; eingesehen am 15.02.2023.

22 https://hpd.de/artikel/ehrliche-aufarbeitung-verdient-den-namen-nur-dann-wenn-es-unabhaengige-experten-gibt-20102; eingesehen am 15.02.2023.

23 Vgl. Hela Dill u. a., Aufarbeitung sexualisierter Gewalt im Bistum Essen: Fallbezogene und gemeindeorientierte Analysen, München 2023.

24 https://neuesruhrwort.de/2023/02/14/buschmann-kirchen-muessen-sich-bei-missbrauch-fakten-stellen/; eingesehen am 15.02.2023.

25 Vgl. https://mam.erzbistum-koeln.de/m/2fce82a0f87ee070/original/Gutachten-Pflichtverletzungen-von-Diozesanverantwort lichen-im-Erzbistum-Koln-im-Umgang-mit-Fallen-sexuellen-Miss brauchs-zwischen-1975-und-2018.pdf; eingesehen am 15.02.2023.

26 Vgl. Rolf Dietrich Herzberg, Strafbare Beteiligung an Sexualdelikten gehorsamspflichtiger Kleriker. Zugleich eine kritische Betrachtung des Kölner Gercke-Gutachtens, in: ZflStw 1/2023, 1–19.

27 https://www.faz.net/aktuell/politik/inland/sexueller-missbrauch-kirche-im-staat-18418620.html; eingesehen am 15.02.2023.

28 https://www.sueddeutsche.de/bayern/kirche-muenchen-durch suchungsaktion-im-erzbistum-kurswechsel-der-justiz-dpa.urn-newsml-dpa-com-20090101-230226-99-749043; eingesehen am 26.03.2023.

29 Vgl. https://www.faz.net/aktuell/politik/inland/sexueller-miss brauch-schutzluecke-im-strafrecht-1876568 7.html?GEPC=s5; einge-sehen am 26.03.2023.

30 https://neuesruhrwort.de/2023/04/21/minister-bund-muss-schutzluecke-im-strafrecht-schliessen/; eingesehen am 24.04.2023.

31 Vgl. https://www.ksta.de/politik/ekd-bevollmaechtigte-man-wird-putin-besiegen-muessen-458438; eingesehen am 15.02.2023.

32 Vgl. https://www.aufarbeitungskommission.de/mediathek/rechte-
und-pflichten-aufarbeitungsprozesse-in-institutionen/; eingesehen
am 15.02.2023.

33 https://www.ksta.de/politik/missbrauchsskandal-koelner-jurist-
rixen-nennt-kirchliche-aufarbeitung-bizarr-329784; eingesehen am
15.02.2023.

34 Ebd.

35 Ebd.

36 Vgl. Lothar Jaeger, Sexueller Missbrauch durch katholische Kleriker –
Anerkennung und Entschädigung, in: Zeitschrift für Versicherungs-
recht, Haftungs- und Schadensrecht 18/2022, 1129–1142.

Staatsleistungen

1 Vgl. Josef Isensee, Staatsleistungen an die Kirchen und Religionsgemeinschaften, in: HdbStKirchR² I (1994), 1009 ff.

2 Alexander Freiherr von Campenhausen/Heinrich de Wall, Staats-
kirchenrecht, München ⁴2006, 23.

3 Vgl. https://www.augsburger-allgemeine.de/politik/staats
leistungen-wegfall-wuerde-religionen-treffen-milliarden-fuer-die-
kirchen-id65616691.html; eingesehen am 15.02.2023.

4 https://www.katholisch.de/artikel/43011-kretschmann-rechnet-
nicht-mit-baldiger-abloesung-von-staatsleistungen; eingesehen am
15.02.2023.

5 Ebd.

6 https://www.ksta.de/politik/ekd-bevollmaechtigte-man-wird-putin-
besiegen-muessen-458438; eingesehen am 15.02.2023.

7 Ebd.

8 https://www.katholisch.de/artikel/43828-soeder-warnt-kirchen-vor-
abloesungsplaenen-fuer-staatsleistungen; eingesehen am 15.02.2023.

9 Ebd.

10 https://www.evangelisch.de/inhalte/214240/31-03-2023/zeitung-
plaene-zur-abloesung-der-staatsleistungen-stossen-auf-kritik;
eingesehen am 05.04.2023.

11 Vgl. Lars Castellucci, »Wir brauchen ein Zeichen, das wirkt«, in:
Christ und Welt, Nr. 14 vom 30.03.2023, 3.

1 https://www.katholisch.de/artikel/43588-warum-die-kirchensteuer-weiterhin-notwendig-ist; eingesehen am 08.03.2023.

2 Ebd.

3 https://www.sueddeutsche.de/panorama/kirche-kretschmann-kirchensteuer-bleibt-erhalten-dpa.urn-newsml-dpa-com-200901 01-211025-99-723751; eingesehen am 15.02.2023.

4 Vgl. Axel Freiherr von Campenhausen/Heinrich de Wall, Staats-kirchenrecht, München ⁴2006, 23–26.

5 Vgl. https://www.dbk.de/fileadmin/redaktion/diverse_downloads/ presse_2014/2014-050b-Abschlussbericht-Limburg.pdf; eingesehen am 20.03.2023.

6 Vgl. grundlegend Frauke Rostalski, Verfahrenseinstellung bei »inner-kirchlichen Angelegenheiten« – Plädoyer für die (Wieder-)Aufnahme staatsanwaltschaftlicher Ermittlungen gegen den früheren Limbur-ger Bischof wegen des Vorwurfs der Untreue, in: Rechtswissenschaft, Heft 1/2015, 1–26.

7 Vgl. https://www.bistumlimburg.de/fileadmin/redaktion/Portal/ Meldungen/2014/Causa_TVE/Presseerklaerung_der_Staats anwaltschaft.pdf sowie Vfg. zu Az. 5 Js 14546/13 (2.7.2014); eingese-hen am 20.03.2023.

8 Frauke Rostalski, Verfahrenseinstellung (Anm. 6), 25.

9 Vgl. https://www.bistum-eichstaett.de/fileadmin/finanzen/ pruefbericht/Gutachten_Dioezese_Eichstaett.pdf; eingesehen am 20.03.2023.

10 Ebd., 101.

11 Vgl. https://www.kirche-und-leben.de/artikel/452-millionen-dollar-schaden-drei-anklagen-im-finanzskandal-eichstaett; eingesehen am 20.03.2023.

Frank und frei: Universitäre Theologie zwischen
staatlicher Freiheit und kirchlicher Gängelung

1 Vgl. Regina Ammicht Quinn, Körper, Religion und Sexualität. Theologische Reflexionen zur Ethik der Geschlechter (1999), Mainz ³2004.

Freilassung: Für eine zivilgesellschaftliche
Vielfalt mit den Kirchen

1 https://www.katholisch.de/artikel/44183-anne-gidion-die-praelatin-
  bei-der-bundesregierung; eingesehen am 29.03.2023.
2 Ebd.
3 Ernst-Wolfgang Böckenförde, Die Entstehung des Staates als Vorgang der Säkularisation, in: Recht, Staat, Freiheit. Studien zur Rechts-
  philosophie, Staatstheorie und Verfassungsgeschichte (= Suhrkamp-
  Taschenbuch Wissenschaft Nr. 914), Frankfurt 1991, 92–114, 112.
4 Vgl. Rudolf Bieker, Trägerstrukturen in der Sozialen Arbeit – ein
  Überblick, in: ders./Peter Floerecke (Hg.), Träger, Arbeitsfelder und
  Zielgruppen der Sozialen Arbeit, Stuttgart 2011, 13–43.
5 Vgl. https://ikwev.org/sfiles/shared-files/3927/Freie_Wohlfahrts
  pflege.pdf; eingesehen am 30.03.2023.
6 https://www.herder.de/hk/online-exklusiv/kirche-ueberfluessig/;
  eingesehen am 30.03.2023.
7 https://katholisch.de/artikel/44470-kerstin-claus-staat-muss-
  moralisches-waechteramt-von-kirche-uebernehmen; eingesehen am
  06.04.2023.
8 Vgl. https://www.katholisch.de/artikel/44468-ekd-praeses-heinrich-
  die-kirchensteuer-bleibt-wichtig; eingesehen am 06.04.2023.
9 Vgl. https://www.uw-recht.org/images/230327%20Bericht%20
  EVV_Druck.pdf: eingesehen am 06.04.2023.
10 https://www.swr.de/swraktuell/rheinland-pfalz/missbrauch-
   kirche-mertin-hat-justiz-nicht-ermittelt-100.html; eingesehen am
   06.04.2023.
11 Aktuell läuft eine dritte Ermittlung wegen des Verdachts des Meineides vor Gericht; vgl. https://www.ksta.de/koeln/strafanzeige-
   gegen-woelki-verdacht-falschaussage-unter-eid-558123; eingesehen
   am 26.04.2023.

12 Vgl. https://www.spiegel.de/panorama/gesellschaft/limburger-
    bischof-tebartz-van-elst-die-sache-mit-den-bonusmeilen-a-851174.
    html; eingesehen am 06.04.2023.
13 Vgl. Hermann-Josef Große Kracht, Kirche in ziviler Gesellschaft.
    Studien zur Konfliktgeschichte von katholischer Kirche und demo-
    kratischer Öffentlichkeit, Paderborn 1997.
14 FAZ, Nr. 82 vom 06.04.2023, 2.

Wie weiter?

1   https://www.katholisch.de/artikel/44585-religionspolitiker-fuer-
    faire-abloesung-von-staatsleistungen; eingesehen am 16.04.2023.
2   Konstantin von Notz, Faire Ablösung, in: HK spezial »Über Geld
    spricht man nicht«, Freiburg 2023, 63.

Literatur

Was die Verfassung will und was daraus geworden ist –
Staat und Kirchen in starker Partnerschaft

Joseph List/Alexander Hollerbach, Kirche und Staat in der Bundesrepublik Deutschland, in: HbKathKR², 1268–1293.
Stefan Magen, Kirchen als Körperschaften des öffentlichen Rechts, in: HdbStKR³, Bd. 1, 1045–1101.
Paul Kirchhof, Die Kirchen und Religionsgemeinschaften als Körperschaften des öffentlichen Rechts, in: HdbStKR², Bd. 1, 651–687.
Michael Heinig, Öffentlich-rechtliche Religionsgesellschaften. Studien zur Rechtsstellung der nach Art. 137 Abs. 5 WRV korporierten Religionsgesellschaften in Deutschland und der Europäischen Union, Berlin 2003.

Kirchliches Arbeitsrecht

Benjamin Weller, Kirchliches Arbeitsrecht. Individual- und Kollektivarbeitsrecht. Datenschutz/Rechtsschutz, Baden-Baden 2020.
Gregor Thüsing, Kirchliches Arbeitsrecht. Rechtsprechung und Diskussionsstand im Schnittpunkt von staatlichem Arbeitsrecht und kirchlichem Dienstrecht, Tübingen 2006.
Reinhard Richardi, Arbeitsrecht in der Kirche. Staatliches Arbeitsrecht und kirchliches Dienstrecht, München 2020.
Jacob Joussen, Das neue Arbeitsrecht der Evangelischen Kirche in Deutschland, in: ZevKR 59 (2014), 50–68.
Bischof von Limburg, Grundordnung des kirchlichen Dienstes, in: Amtsblatt des Bistums Limburg Nr. 14 vom 09.12.2022, 736–742.

Sexualisierte Gewalt

Thomas Großbölting, Die schuldigen Hirten. Geschichte des sexuellen Missbrauchs in der katholischen Kirche, Freiburg i. Br. 2022.
Matthias Remeny/Thomas Schärtl (Hg.), Nicht ausweichen. Theologie angesichts der Missbrauchskrise, Regensburg 2019.
Rüdiger Althaus/Klaus Lüdicke, Der Kirchliche Strafprozess nach dem CODEX IURIS CANONICI und den Nebengesetzen – Normen und Kommentar, Essen [2]2022.

Staatsleistungen

Ansgar Hense, Was sich hinter den Staatsleistungen an die Kirchen verbirgt, in: HK 11/2010, 562–566.
Arnd Uhle/Judith Wolf (Hg.), Ablösung der Staatsleistungen – Gefahr oder Chance für das Verhältnis von Staat und Kirche? (EGTSK 57), Münster 2022.
Werner Heun, Staatsleistungen an die Kirchen und andere Religionsgemeinschaften, in: HdbStKR, Bd. 3, 2020, 3017–3071.
Herder Korrespondenz spezial, Über Geld spricht man nicht. Die Kirche und ihre Finanzen, Freiburg i. Br. 2023, u. a. mit den Beiträgen von Ansgar Hense, Dicke Bretter bohren. Wie können die Staatsleistungen abgelöst werden?, 56–58, und Konstantin von Notz, Faire Ablösung, 63.

Geld und Moral, Steuern und Vermögen

Thomas Schüller, Zu einigen kirchenrechtlichen Dimensionen der Causa Tebartz-van Elst, in: Joachim Valentin (Hg.), Der »Fall« Tebartz-van Elst. Kirchenkrise unter dem Brennglas (= Theologie kontrovers), Freiburg i. Br. 2014, 119–148.
Thomas Schüller, »Bischöfliche Stühle« und ihr Vermögen, in: HK 68 (2014), 11–15.
Thomas Schüller, Der Diözesanbischof und das Kirchenvermögen, in: Sabine Demel/Klaus Lüdicke (Hg.), Zwischen Vollmacht und Ohn-

macht. Die Hirtengewalt des Diözesanbischofs und ihre Grenzen, Freiburg i. Br. 2015, 208–228.

Thomas Schüller, Finanzen der Kirche: Kirchensteuer und Transparenz des Vermögens, in: Theologie und Glaube 105 (2015), 337–351.

Thomas Schüller, Kirchenrechtliche Perspektiven für eine transparente Vermögensverwaltung der katholischen Kirche, in: Karlies Abmeier (Hg.), Geld, Gott und Glaubwürdigkeit (= Religion – Staat – Gesellschaft, Bd. 3), Paderborn 2016, 309–320.

Frank und frei: Universitäre Theologie zwischen
staatlicher Freiheit und kirchlicher Gängelung

Ulrich Rhode (zusammen mit Heribert Schmitz), Einführung, in: Katholische Theologie und Kirchliches Hochschulrecht, hg. vom Sekretariat der Deutschen Bischofskonferenz (Arbeitshilfen, 100), Bonn ²2011, 17–186.

Thomas Schüller, Lehrerlaubnis für katholische Theologinnen und Theologen an Hochschulen und Schulen – Eine kirchenrechtliche Bestandsaufnahme, in: Clauß Peter Sajak/Rauf Ceylan (Hg.), Freiheit der Forschung und Lehre? Das wissenschaftsorganisatorische Verhältnis der Theologie zu den Religionsgemeinschaften, Wiesbaden 2017, 93–124.

Weiterführende Literatur zum Religionsverfassungsrecht

Gerhard Czermak, Religion- und Weltanschauungsrecht, Berlin 2008.

Axel Freiherr von Campenhausen/Heinrich De Wall, Religionsverfassungsrecht: eine systematische Darstellung, München [5]2022.

Peter Unruh, Religionsverfassungsrecht, Baden-Baden 2018.

Christian Waldhoff, Religionsverfassungsrecht: in vergleichender und internationaler Perspektive, Tübingen 2006.

Claus Dieter Classen, Religionsrecht, Tübingen 2021.

Matthias Pulte, Grundfragen des Staatskirchen- und Religionsrechts, Mainz 2016.

Dietrich Pirson/Wolfgang Rüfner/Michael Germann/Stefan Muckel (Hg.), Handbuch des Staatskirchenrechts der Bundesrepublik Deutschland, 3 Bde., Berlin [3]2020.

Dank

Das Thema des Buches hat mich über viele Jahre in zahlreichen Diskussionen zum Religionsverfassungsrecht in der Bundesrepublik Deutschland begleitet. Ich danke Dr. Thomas Neumann vom Institut für Kanonisches Recht an der Universität in Münster für die kritische Durchsicht, meinem Kollegen Prof. Dr. Michael Seewald (Münster) für zahlreiche Inspirationen und geduldiges Hinhören auf meine Ideen und vor allem Joachim Frank, Chefkorrespondent des »Kölner Stadt-Anzeigers« und Vorsitzender der Gesellschaft für katholische Publizistik, für lange Gespräche über die verschiedenen Themen dieses Buches. Ohne diese kritische Begleitung und die Anregungen wäre dieses Buch nicht erschienen. Mein Dank gilt auch Dr. Stephan Meyer von der Agentur Rauchzeichen und ganz besonders Dr. Tobias Heyl, der als Lektor des Hanser-Verlages die Entstehung des Buches wohlwollend-kritisch begleitet hat. Und nicht zuletzt danke ich meiner Frau und meinen Kindern für die Geduld und die Langmut, mit denen sie mich begleitet haben.

Thomas Schüller,
Münster im April 2023